신실한 순례자들을 위한

# 성지가이드

Guide to the Bible Land

도서출판사 TOBIA

신실한 순례자들을 위한

# 성지가이드

Guide to the Bible Land

1판 1쇄: 2019년 7월 8일

책임편집 : 강신덕
편집 : 오인표
디자인: 오인표
홍보/마케팅: 김일권 지동혁
펴낸이: 오세동
펴낸곳: 도서출판 토비아
등록: 426-93-00242
주소: 04041) 서울특별시 마포구 와우산로 73(홍익빌딩 4층)
T 02-738-2082 F 02-738-2083

ISBN: 979-11-89299-12-5 03230

신실한 순례자들을 위한

# 성지가이드

Guide to the Bible Land

이스라엘, 요르단, 터키, 그리스 그리고 로마

도서출판 TOBIA

# 성지 가이드북을 발간하며

"그 물이 엘리사가 한 말과 같이 고쳐져서
오늘에 이르렀더라"(왕하 2:22).

여리고에 가면 그 도시 사람들 모두에게 마시는 물을 공급하는 수원지가 있다. 성경에 의하면 옛날 이 수원지의 물은 쓰고 탁해서 제대로 사용하기가 어려웠다. 그런데 이야기를 들은 엘리사가 샘으로 가 거기에 소금을 넣었더니 물이 맑아졌다. 이후 엘리사의 샘이라 불린 이곳은 성경의 시대뿐 아니라 동일한 모습으로 오늘에까지 이르렀다. 누구든지 성경 열왕기하 2장을 펼쳐들고 샘을 방문하는 사람은 그 때의 놀라운 일을 다시 경험할 수 있다.

하나님과 하나님의 백성들이 수고하고 헌신하던 자리를 그때와 동일한 감동으로 바라보는 일은 순례자만이 누릴수 있는 기쁨일 것이다. 한 가지 바람이 있다면, 그 땅을 순례하는 이들 모두가 효과적으로 그리고 명료하게 그 땅의 의미와 교훈을 접하는 것이다. 현장에서 의미와 교훈을 나누는 일에는 여러 가지 방법이 있겠으나, 역시 가장 좋은 것은 가이드북이다. 가이드북은 간단하지만 탁월한 현장의 교보재일 수 있다.

이번에 터치바이블선교회는 천지항공과 함께 성서의 땅을 간명하게 볼 수 있는 가이드북을 만들었다. 천지항공의 오랜 경륜을 아우르고, 터치바이블의 성서의 땅에 대한 깊은 통찰을 엮어 만든 책이다. 이번에 만든 가이드북은 이스라엘을 포함한 요르단과 터키, 그리스 그리고 로마 등, 성서가 다루는 은혜의 현장 상당부분을 담았다. 특히 한국의 순례객들이 주로 방문하고 은혜를 누리는 곳을 집중하여 담았다.

길을 안내하는 일은 무한한 책임이 있다. 그 길을 통해 과거를 새롭게 보고 오늘을 통찰하며 내일에 대하여 결단하기 때문이다. 길안내서로서 '성지 가이드북'이 그런 역할이면 좋겠다. 오늘도 이 책을 들고 성지 곳곳을 다니며 삶을 새롭게 하는 모든 순례객들에게 하나님의 축복이 함께 하시길 기도한다.

터치바이블선교회 대표

강신덕

# CONTENTS

## I

## 이스라엘

Israel

### A 중앙산지(유다, 헤브론)



### B 사마리아 산지



### C 해안과 평야



### D 갈릴리 일대

T

터키

Turkey

A 터키 서부



B 터치 중부와 동부



G

그리스와 로마

Greece & Rome

A 그리스와 로마

# 이스라엘

Israel

A 중앙산지(유다, 헤브론)

B 사마리아 산지

C 해안과 평야

D 갈릴리 일대

E 요단계곡과 사해 일대

F 남부 네게브 지역

중앙산지(유다, 헤브론)

# 예루살렘 Jerusalem

**예루살렘 지리안내**

사해의 북쪽으로 약 28km 떨어져 있으며, 유대 산맥의 언저리의 해발 780m에 위치한다. 산악 지형이 가진 장점을 살려 예루살렘은 외부 침입을 쉽게 막을 수 있는 성채를 중심으로 서서히 도시의 윤곽이 잡혔다.

예루살렘은 '평화의 도시'라는 의미를 담고 있다. 아브라함 당시 한 개의 성읍으로 있었으며, 주전 13세기경 이스라엘의 가나안 정복 당시에는 여부스족이 살았다(창 14:18, 수 15:63). 다윗은 예루살렘을 정복하고 다윗성이라 하였다(삼하 5:7). 그러나 주전 587년 바벨론의 느부갓네살에 의해 예루살렘성이 파괴된 후 초라하게 머물렀다. 포로기 이후 하스모니아 왕조에의해 재건되었으나 70년 로마에 의해 다시 파괴당했다. 이때 성전 서쪽 벽 일부가 파괴되지

이스라엘 중부지역
예루살렘의 위치

않았는데, 오늘날 이곳을 '통곡의 벽'이라 하여 많은 순례객들이 찾고 있다.

현대의 예루살렘은 유대교와 기독교 그리고 이슬람 등 세 개의 서로 다른 종교가 성지로 여기는 복잡한 도시가 되었다. 전 세계로부터 세 종교의 신실한 신자들이 이 도시로 순례를 온다. 지금 도시는 예루살렘이라는 이름이 갖는 '평화의 도시'라는 뜻이 잠정적이나마 지켜지고 있다. 그러나 도시는 언제고 큰 충돌이 발생할 가능성을 품고 있다.

Landscape of Jerusalem

I A 이스라엘 Israel

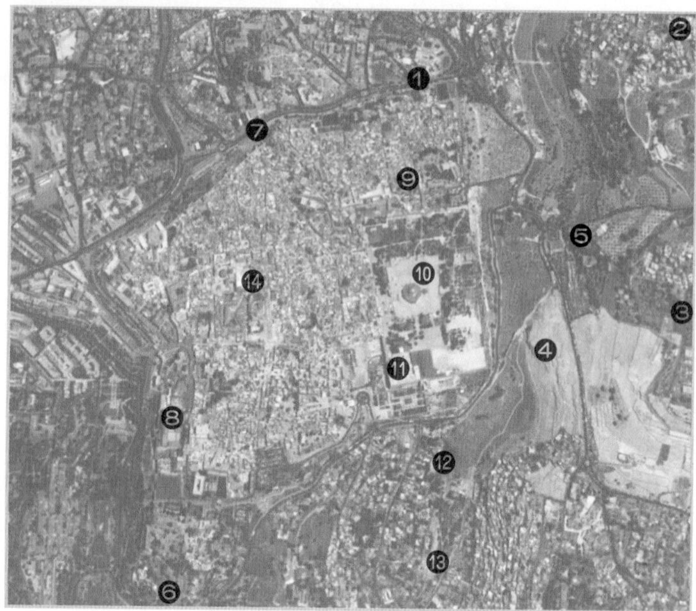


구 예루살렘의 현재 지도와 주요 유적 및 방문지들

❶ 예루살렘 성벽
❷ 전망산
❸ 감람산
❹ 기드론 골짜기
❺ 겟세마네
❻ 힌놈의 골짜기
❼ 다메섹 문
❽ 예루살렘성채
❾ 베데스다
❿ 황금돔 사원
⓫ 통곡의 벽
⓬ 다윗 성터(오벨)
⓭ 기혼샘과 히스기야터널
⓮ 골고다

01

## 예루살렘 성벽

The Wall of Jerusalem

현재 남아있는 예루살렘성은 15세기 오스만 투르크의 슐레이만 황제가 세운 것이다. 예수님 시대보다 약간 북쪽으로 올라서 있다. 현재 예루살렘성에는 총 8개의 성문이 있다. 북쪽의 다메섹문을 시작으로, 꽃문이라고 불리는 헤롯문과 스데반 문이라고 불리는 사자문, 메시아가 도래할 때까지 막아놓았다는 황금문, 쓰레기 배출구로서 분문, 시온문 그리고 욥바문과 새문 등이다. 성의 둘레는 약 4킬로미터 정도 된다.

02

## 전망산

The Scope Mountain

예루살렘 북동쪽에 위치한 산이다. 솔로몬 시대에 솔로몬과 결혼한 이방 여인들의 집들이 있었으며. 주후 70년 예루살렘이 멸망할 때 티투스 로마군단의 지휘소가 위치해 있었다. 현재 히브리 대학이 위치해 있으며 예루살렘을 조망할 수 있는 전망대가 위치해 있다.

## 감람산

Mount of Olive

예루살렘 동편에 위치한 산이다. 올리브나무(감람나무)가 많았다. 왕으로 세상을 새롭게 통치하기 위하여 임하는 메시아가 오는 곳으로 유명하다. 예수님도 이곳을 통해 예루살렘으로 입성하셨고 이곳에서 승천하셨다.

## 기드론 골짜기

Kidron Valley

예루살렘 동편에 있는 깊은 골짜기이다. 왕족들과 예언자들의 무덤들이 많이 남아 있고 메시아의 도래를 기다리는 유대인들과 이슬람인들 그리고 기독교인들의 무덤들이 많이 있다.

이스라엘
Israel

## 05

### 겟세마네

Gethsemane

주변에 올리브나무들이 많이 있으며, 예수님께서 마지막 날 밤에 기도하신 곳이다. 올리브 기름을 짜는 틀이라는 의미를 갖고 있다.

## 06

### 힌놈의 골짜기/ 힌놈의 아들 골짜기

The Valley of Hinnom

예루살렘 다윗성과 시온산 아래에서 서편으로 이어지는 골짜기이다. 온갖 쓰레기가 배출되는 곳이었으며 우상숭배가 많았고 예레미야 시대 도벳이 있었다. 예수님 시대에는 게헨나 즉, 지옥이라 불렀다.

## 07

### 다메섹 문

Damascus Gate

예루살렘에서 가장 크고 아름다운 문이다. 다메섹으로 향하는 길이 연결되어 있는 관계로 문 이름을 다메섹 문이라고 부르게 되었다. 성 앞에는 아랍사람들의 시장이 늘 열린다.

## 08

### 예루살렘 성채

Jerusalem Citadel

옛 하스모니아와 헤롯의 왕궁이 있던 자리이며 훗날 로마군 요새로 사용되었다. 예루살렘 서쪽 욥바문 바로 옆에 위치해 있다.

## 09 베데스다
Bethesda

예루살렘 북쪽 성안나교회 옆에 남아 있는 예수님 당시 유적지이다. 다섯 개의 행각으로 되어 있었고 예루살렘에 물을 공급했다. 예수님께서 38년 된 중풍병자를 고치셨다(요 5:1~9).

## 10 황금돔 사원
Dom of the Rock

솔로몬의 성전과 헤롯의 성전이 있었던 곳이다. 오늘날은 마호멧의 승천을 기념하여 이슬람 사원이 들어서 있다.

## 11 통곡의 벽
Wailing Wall

헤롯시대 성전의 기단부 벽의 일부가 남아 있는 곳이다. 이스라엘 사람들이 성전의 회복을 위해 기도하는 곳이며 각종 절기의 축제가 이곳에서 열린다.

## 12 다윗 성터(오벨)
City of David

성전산 바로 아래 예루살렘 성의 남동쪽에는 구약 시대 성과 건물들의 흔적이 남아 있다. 다윗과 솔로몬 시대에 여부스 사람들의 성을 북쪽으로 확장하여 올린 곳이다.

이스라엘
Israel

## 14

## 기혼샘과 히스기야 터널

Gihon Spring and Hezekiah's Tunnel

오래전부터 예루살렘 동편 기드론 골짜기에 흐르던 물이 마르지 않는 샘이다. 예루살렘의 수원지 역할을 했으며 여부스 사람들 시절부터 양수 시스템으로 물을 성안으로 끄집어 올렸다. 히스기야 왕 시대에 이르러 성 바깥에 있던 샘을 땅속으로 묻어버리고 물길을 성안으로 돌려 실로암으로 흐르게 했다.

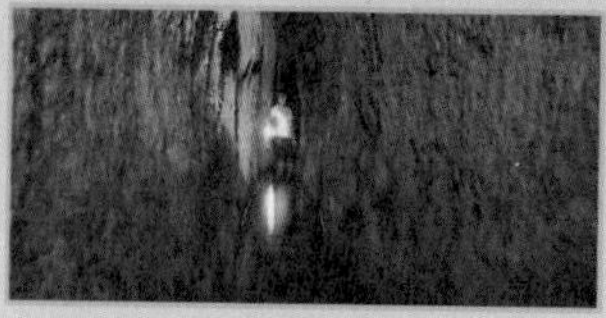

## 15

## 실로암

Shiloam

기혼샘이 히스기야 터널을 지나 모이는 물 저장소이다. 예수님 시대 예루살렘의 가장 낮은 곳에 있었으며 성전과 일상에 필요한 물을 공급하던 곳이다.

## 16

## 가야바의 집터(종교법정)

Religipus Court of Caiaphas

베드로통곡교회 아래에는 가야바 대제사장의 집터라고 알려진 곳이 남아 있다. 지금은 가야바 시절 지하 감옥으로 사용하던 시설들만 남아 있다. 집터 옆에는 예수님께서 체포되셔서 끌려 다니셨을 그 시대 길의 흔적이 남아 있기도 하다. 베드로 역시 이 집터 마당에서 예수님을 세 번 부인했다.

## 17

## 마가의 다락방

The Upper Room

시온산 자락에는 십자군 시대 어느 주택의 다락방으로 추정되는 방이 남아 있다. 보통 이곳을 예수님께서 제자들의 발을 씻기시고 최후의 만찬을 나누시던 방이 있던 자리로 추정한다.

18

## 다윗의 영묘

The Tomb of David

예수님 시대 예루살렘에는 헤롯의 궁전 바로 아래 다윗의 영묘가 있었다. 지금은 다윗의 영묘 자리로 여기는 곳에 유대인들을 위하여 다윗의 가묘와 기도를 위한 장소가 마련되어 있다.

19

## 십자가 고난의 길

Via Dolorosa

총 열 네 개의 처소로 구성된 예수님 십자가 고난의 길은 옛 빌라도의 법정 터 옆에서 시작되어 아랍인들의 시장길을 지나 현재 성묘교회로 알려진 골고다 자리로 이어진다.

20

## 골고다와 무덤터

The Sepulchre

예수님께서 십자가에 달려 죽으신 골고다와 그 옆 예수님의 무덤터에는 각각 교회들이 들어서 있다. 일반적으로 이 두 곳과 주변의 교회들을 합쳐 성묘교회(the Sepulchre)라고 부른다.

21

## 예루살렘 히브리 박물관

The Israel Museum

예루살렘 옛성 서쪽 신도시 지역에 위치해 있으며 이스라엘의 역사를 한 눈에 공부할 수 있는 곳이다. 특히 이곳에는 쿰란에서 발견된 사해 사본이 전시되어 있으며, 예수님 시대 예루살렘의 모형도 잘 만들어두어 그 시대 역사를 한 눈에 볼 수 있다.

이스라엘
Israel

# 예루살렘 주변의 주요 기념교회들

Churches in Jerusalem

### ❶ 주기도문교회

Church of the Pater Noster

전승에 의하면 예수님께서 기도를 가르쳤다고 전해지는 곳에 처음 세워졌다. 614년과 1009년 파괴되었으나 십자군에 의해 재건되었다. 그후 1874년 투르 오베르뉴 백작 부인의 후원으로 프랑스 건축가 기예르메가 건축했다. 현재 가톨릭 수녀원이 관리하고 있으며 교회의 벽면에는 히브리어로 시작된 최초의 주기도문이 1102년에 새겨진 후 한글을 비롯해 70여개의 언어로 기록되어 있다. 주기도문 교회의 이름은 라틴어 주기도문의 서문인 'Pater Noster(우리 아버지)'를 따서 붙인 이름이다. 교회 옆은 예수 승천 기념돔이 자리하고 있다.

### ❷ 눈물교회

Dominus Flevit Church

예수님께서 감람산에 올라가 파괴될 예루살렘을 보고 "예루살렘아!"라고 우신 것을 기념하여 'Dominus Flevit(주께서 우셨다)'라고 불린다. 5세기경 수도원이 처음 세워져 1881년 프란시스코 수도원이 자리 잡고 있으며, 1955년 이탈리아 건축가 안토니아 바르루치에 의해 현재의 교회에 이르고 있다. 교회의 지붕은 예수님께서 눈물을 흘리신 것을 상징하기 위해 눈물 모양을 하고 있다.

### ❸ 겟세마네교회 Church of All Nations

'고통의 교회'로 불리며, 예수님께서 잡히시기 전 겟세마네 동산에서 기도를 드렸던 자리에 세워졌다. 비잔틴과 십자군 시대에 유적이 새롭게 발견된 후 1924년 이탈리아 건축가 안토니오 발루치에 의해 재건되었다. 천장이 높고 어둡게 설계되어 있어 예수님의 고통스러운 모습을 표현하고 있다. 현재 가톨릭의 프란시스코에서 관리하고 있다.

### ❹ 베드로통곡교회

Church of Saint Peter in Gallicantu

예루살렘 성벽 밖 시온산 동쪽에 위치해 있다. 베드로는 주를 부인하지 않겠다고 선언했으나, 예수님께서 예언한대로 닭이 세 번 울

기 전 예수님을 부인하였고 이에 양심에 가책을 받아 밖으로 나가 통곡했다. 이 사건을 기억하기 위해 세워진 교회가 베드로 통곡 교회이다(마 26:69~75).

### ❺ 성안나교회
Church of the St. Anne

성안나교회는 성모 마리아의 탄생한 곳을 기념하는 교회다. 성모 마리아의 부모인 요하킴과 안나의 집이 이 곳에 있었으며, 성모 마리아의 부모를 기념하여 건설된 곳이다. 비잔틴 시대인 400년 경에 최초로 세워졌으며, 614년 페르시아 군에 의해 파괴 되었다. 이후 몇 차례의 재건설과 침략이 반복 되었고, 현재의 모습은 1140년 십자군 시대 때 발드윈 1세의 부인에 의해 로마네스크 양식의 교회로 세워졌다.

### ❻ 선고교회와 채찍질교회
The Condemnation Chapel & The Flagellation

선고교회는 비잔틴식 건물로 1903년에서 1904년에 재건되었다. 예수님께서 빌라도에 의해 십자가형의 선고를 받은 곳에 세워졌다. 10m 정방형의 이 교회는 채찍질 교회와 같은 정원에 있으며 예수님이 십자가를 지고 건물 계단을 내려오는 모습이 조각되어 있다. 1839년에 지어진 채찍질교회의 제단 위 천장에는 예수님께서 쓰셨던 가시관이 모자이크되어 있고 앞쪽은 예수님이 채찍질 받으시는 모습이 그려져 있다.

### ❼ 성묘교회
Church of the Holy Sepulchre

로마의 하드리아누스는 135년경에 지금의 성묘교회의 위치에 비너스 신전을 세웠다. 313년 기독교를 공인한 로마의 콘스탄틴 황제의 명으로 성묘교회가 336년에 건축되었다. 성묘교회로 들어가자마자 볼수 있는 예수님을 염했던 대리석 돌판을 볼 수 있으며 많은 이들이 예수님의 십자가 고난의 길 끝자락인 대리석 돌판에 엎드려 기도를 드린다.

### ❽ 승천기념돔 The Church of the Ascension

원래는 380년경 지붕이 없는 8각형의 건물이었던 승천기념돔은 이후 모슬렘 교도에 의

이스라엘
Israel

해 돔이 씌어졌다. 건물안 중앙에는 예수님께서 부활하시고 승천하실 때 남기신 발자국이라 전해지는 바위가 있다.

### ⑨ 야고보기념교회
The Church of St.James

헤롯 아그립바에 의해 순교당한 요한의 형 야고보를 기념하기 위해 세워진 교회다. 동방 아르메니아교회에 소속되어 있는 이 교회 예배실에는 진귀한 모자이크와 도자기 타일로 장식되어 있다. 그리고 중앙홀의 서쪽 벽에 있는 작은 예배실에는 요단강과 타바와 시내산에서 가져온 세개의 돌이 보관되어있다.

### ⑩ 스데반기념교회
The Church of St. Stephen

스데반은 초대교회가 최초로 세운 일곱명의 집사가운데 사람이었다. 스데반기념교회는 최초의 기독교 순교자인 스데반의 순교자리에 세워진 교회이다.

### ⑪ 막달라마리아교회
The Church of St Mary Magdalene

막달라마리아교회는 전형적인 러시아식 건축 양식으로 되어있다. 1888년 러시아의 알렉산더 3세가 그의 어머니를 기념하여 그 이름을 따서 "막달라마리아교회"라고 하였다.

# Via Dolorosa

## 예수님 십자가 고난의 길

'슬픔의 길'이라는 의미이다. 예수님께서는 가야바의 종교법정에서 로마 총독인 빌라도의 법정이 있는 성전 옆 안토니 요새로 끌려와 거기서 사형 판결을 받으셨다. 그리고 군인들에게 약 40여대 가량의 채찍질을 당하시고 가시관을 쓰고 홍포를 입은 채 처형당하실 십자가틀을 지고 처형 장소인 골고다까지 걸어가셨다. 비아 돌로로사는 그 고난의 길을 의미한다. 현재 예수님 십자가 고난의 길, 비아 돌로로사는 예루살렘 성내 구시가 북동쪽 끝 옛 안토니 요새 곁 선고교회(church of Condemnation)에서 시작되어 약 800미터 정도 서남쪽에 위치한 성묘교회(the Sepulchre)에서 끝난다. 그 길 중간에 예수님께서 십자가 길에서 행하신 일들과 일어난 사건들을 중심으로 14개의 처소가 있다.

**제1처소** 예수님께서 사형 판결을 받으신 곳, 선고교회(The Church of Condemnation)
**제2처소** 예수님께서 조롱당하신 곳, 에케호모교회(The Church of Ecce Homo)
**제3처소** 예수님께서 처음 쓰러지신 곳
**제4처소** 예수님께서 슬퍼하는 어머니 마리아를 만난 곳
**제5처소** 구레네 시몬이 십자가를 대신 진 곳
**제6처소** 베로니카가 예수님의 얼굴을 닦아 준 곳
**제7처소** 예수님께서 두 번째 쓰러지신 곳
**제8처소** 예수님께서 어머니 마리아를 위로하신 곳
**제9처소** 예수님께서 세 번째로 쓰러지신 곳
**제10처소** 예수님께서 옷이 벗겨지신 곳
**제11처소** 예수님께서 십자가에서 못이 박히신 곳
**제12처소** 예수님께서 십자가에서 운명하신 곳
**제13처소** 예수님께 수의를 입혔던 곳
**제14처소** 예수님께서 무덤에 묻히신 곳, 성묘교회(the Sephulchre)

중앙산지(유다, 헤브론)

# 베들레헴 Bethlehem

**베들레헴 지리안내**

베들레헴은 예루살렘 성의 욥바문에서 남쪽으로 약 10km 떨어진 지점에 있다. 해발 777m의 유대 산악 지역에 속하며 고대 베들레헴은 오늘날 예루살렘에서 헤브론으로 내려가는 도로 동쪽 5km지점에 있는 현재의 도시가 있는 곳이다.

베들레헴은 집을 의미하는 'Beit'와 빵을 의미하는 'Lehem'이 합쳐진 '빵집'이란 별명이 있다. '생명의 떡'이신 예수님께서 탄생하신 곳이기에 의미가 있는 곳이다. 성경에서 베들레헴은 야곱의 아내 라헬의 죽음에서 처음 언급된다(창 35:19). 사사시대 룻의 시가가 있으며 이곳으로 시모 나오미를 따라와 보아스와 재혼했다(룻 2~4장). 베들레헴은 다윗이 태어난 곳이기도 하며, 사무엘에 의해 이스라엘 왕으로 기름부음을 받은 곳이다(삼상 16:1~13). 다윗

이스라엘 중부지역
베들레헴의 위치

은 이곳에서 양을 치던 일을 했으며, 그밖에 다윗의 우물도 언덕 위에 있다(삼하 23:15~17). 현재의 베들레헴은 예수님의 태어나신 곳 답게 성탄절이 되면 전 세계에서 많은 인파들이 몰려와 성탄절 행사에 참여하고 있다. 그러나 아직까지도 예수탄생교회는 소유권을 놓고 각 교파간에 분쟁이 끝나지 않았다. 각 교파별로 드리는 성탄절도 세번이나 된다. 특히 12월 25일에 드리는 성탄 예배는 전세계에 방영되어 예수님 탄생을 축하한다.

01

## 다윗의 우물

King David's Wells

다윗은 블레셋이 베들레헴에 진을 치고 있을 때 그곳 성문 곁에 있는 우물물을 마시기를 원했다. 이에 다윗의 세 용사가 죽음을 무릅쓰고 물을 떠 온 사건이 있는 우물이다(삼하 23:13~17).

02

## 예수 탄생 자리

The Altar of the Nativity

예수님의 탄생 자리는 탄생교회 안 지하층으로 내려가면 만날 수 있다. 대리석으로 장식된 바닥에 은으로 만든 별 모양의 장식이 있다. 가톨릭교회에서 1717년에 만든 별 장식이며 이 별은 베들레헴의 별로 불린다. 별 둘레에는 '이곳에서 동정녀 마리아에게서 예수 그리스도가 탄생하였다'는 문구가 새겨져있다.

  이스라엘
Israel

03

## 겸손의 문

The Door of Humility

'겸손의 문' 혹은 '좁은 문'이라고 불리는 이 문은 예수탄생교회 앞 광장을 지나 예수탄생교회에 도달하면 만날 수 있다. 원래 큰 문이었지만 왕이나 장군들도 고개를 숙이고 들어가게 하려고 낮게 만들었다. 높이가 120cm, 폭이 80cm에 불과하다. 좁은 문으로 들어가라고 하신 예수님의 말씀의 뜻을 실천하는 겸손의 문

## 라헬의 묘

Rachel's Tomb

야곱의 가족들이 하란에서 가나안으로 내려오는 도중에 아내 라헬이 베냐민을 낳고 죽어 장사한 곳이 베들레헴이다(창 35:19). 예루살렘과 접해 있는 베들레헴은 유대인의 성지 중에 하나이다. 라헬의 무덤과 묘비가 있는 동네 이름은 따로 '라마'라고 부른다.

## 제롬의 방

Jerome's Room

예수탄생교회 경내 로마가톨릭교회 지하 공동묘지 옆에 고대 교부 제롬의 기도와 성서번역을 했던 방이 있다. 제롬은 십 수 년 간 이 방에서 나가지 않고 불가타 성경을 번역했다.

# 베들레헴 주변의 주요 기념교회들

Churches in Bethlehem

### ❶ 목자들의 들판교회

Church of the Shepherd's Field

천사들은 들판에서 양을 치는 목자들에게 예수님의 탄생 소식을 알렸다. 목자들이 예수님의 탄생소식을 들은 이 들판은 베들레헴의 동쪽 2km 정도 지점에 위치해 있다. 이 들판의 이름은 '보아스의 들'이다. 사사시대에 룻이 이곳에서 밀이삭을 줍다가 보아스를 만나 결혼한 곳이기도 하다. 이곳에 목자들의 들판교회가 세워졌다. 현재 이곳은 아랍인의 동네이며 이름은 벧사홀(Beitsahur)이 되었다.

### ❷ 예수탄생교회

Church of the Nativity

예수탄생교회는 339년 세워졌다. 135년 로마 황제 하드리안의 기독교 말살 정책의 하나로 베들레헴 동굴 위에 로마의 아도니스신을 위한 신전이 세워졌다. 그러나 200년 후 로마 황제 콘스탄틴이 즉위했고 신앙의 자유가 허락되었다. 황제의 어머니 헬레나는 성지 순례차 베들레헴에 들렀고 거기에 세워져있던 아도니스 신전을 헐고 예수탄생교회를 세웠다. 다시 200년이 지난 후 팔레스틴 민란 때에 파괴되었는데, 그 후 비잔틴 제국의 유스티니안 황제가 다시 재건하여 성지에서 가장 아름다운 교회를 세웠고, 이후 1,400년간 건재하는 기적의 건물이 되었다.

중앙산지(유다, 헤브론)

# 헤브론 Hebron

**헤브론 지리안내**

헤브론은 예루살렘 남서쪽 30km, 베들레헴에서는 남서쪽 22km 지점에서 해발 927m의 높은 산악지대에 있는 오래된 도시이다.

헤브론은 '친구'를 뜻하는 히브리어 '흐브르'에서 유래되었다. 헤브론을 부르는 이름은 몇이 더 있었는데 본래 기랏아르바로 불리웠다(창23:2). 기랏아르바의 뜻은 '네 겹의 성읍'이라는 뜻을 가지고 있다. 아브라함이 가족들과 메소포타미아에서 가나안 땅으로 이주한 후 주로 거주했던 곳이다. 또한 막벨라 굴이 위치해 있는 곳이기도 하다. 아브라함은 하나님의 말씀에 따라 갈대아 우르를 떠나 가나안에 도착하여 헤브론을 중심으로 살았으며 아내를 비롯하여

이스라엘 중부지역
헤브론의 위치

자신과 그의 아들 이삭과 그 아내 리브가, 그리고 애굽에서 죽은 야곱까지 이스라엘의 족장들이 죽어 이 곳 막벨라 굴에 장사되었다.

헤브론은 마므레라고도 불렸는데 오늘날 마므레는 헤브론 시에서 북쪽 외곽에 위치해 있다. 이곳은 이스라엘 왕정 때 포장도로와 십자군 때의 것으로 추정되는 교회터가 있다.

01

## 아브라함의 상수리나무

The oak tree of Abraham

유대인들에게 상수리나무는 특별한 것이다. 아브라함이 이 상수리나무에서 천사를 만나 대접하였고 오늘날 헤브론에 가면 철조망으로 보호되어 있는 가장 오래된 상수리나무를 만날 수 있다.

02

## 막벨라 굴

Cave of the Patriarchs

아브라함은 하나님의 말씀에 따라 갈대아 우르를 떠나 가나안에 도착하여 헤브론을 중심으로 살았다. 헤브론의 막벨라 굴에는 아브라함 자신과 아내를 비롯하여 그 아들 이삭과 그 아내 리브가, 애굽에서 죽은 야곱까지 이스라엘의 족장들이 죽어 장사되었다.

중앙산지(유다, 헤브론)

# 기브온 Gibeon

**기브온 지리안내**

기브온은 예루살렘 북서쪽 8km지점에 위치하며 해발 약 792m 산악지대의 구릉지대에 위치해있다.

기브온의 뜻은 '언덕위의 도시'이다. 기브온이란 이름이 성경에 처음 소개된 것은 여호수아에 의한 중부 가나안 정복과 관련되어 있다. 가나안을 정복할 당시 여호수아는 기브온의 사신들에게 속아서 하나님과 상의하지 않고 그들과 불가침조약을 체결하였다(수 9장). 그 결과 그들은 죽임당하지 않고 대신 이스라엘 백성의 종이 되어 성전에서 막일을 하였다. 여호수아가 아모리 족속과 싸울 때 기브온에 해를 하나님께서 머물게 하셨고 여호수아는 싸움에서 이겼다(수 10:12-14). 또한 기브온은 솔로몬의 일천번제가 드려진 곳으로 알려져있다. 이곳에서 일천번제를 드린 솔로몬은 하나님께 지혜를 구했다(왕상 3:4-10).

기브온에서는 포도 재배가 성행했다. 그래서 사람들은 자연적인 바위에 홈을 파서 포도주 틀로 많이 사용하였다.

중앙산지(유다, 헤브론)

# 기브아 Gibeah

**기브아 지리안내**

기브아는 베들레헴 남동쪽 약 12km지점에 위치해 있다.

기브아는 '작은 산', '언덕'을 뜻한다. 기브온과 마찬가지로 베냐민 지파의 성읍(수 18:28)이었다. 기브아는 예루살렘으로부터 벧엘로 가는 도로변에 위치하고 있다. 이스라엘의 초대왕인 사울의 고향(삼상 10:26)이기도한 이 곳은 옛적에 성소가 있던 곳이기도 하다.

성서 속에서 기브아는 일반적으로 이스라엘 백성의 윤리적 타락상을 보여준다. 레위인이 첩을 둔 일, 그 첩의 간음행위, 불량배들의 만행, 경악할 만한 살인 행위 등등에서 하나님의 말씀대로 살지 못한 자들의 일면을 보여주는 곳으로 남아있다. 이 사건은 역사의 경계가 되어 호세아 선지자는 기브아를 이스라엘의 부패함과 타락의 상징으로 언급하였다(호 9:9; 10:9).

중앙산지(유다, 헤브론)

# 미스바 Mizpah

**미스바 지리안내**

미스바는 예루살렘 북쪽으로 7.5km 지점에 소재하고 있는 오늘의 네비 삼월이다.

미스바는 '망대'를 뜻함과 동시에 '파수한다', '감시한다' 등의 뜻을 가지고 있다. 가나안을 정복하며 영토를 분배할 때 유다지파에게 주어진 땅(수 15:38)이 미스바이다.

미스바는 사무엘이 백성을 다스린 곳이며(삼상 7:5-17:10,17-24), 사울은 이곳에서 왕위에 올라 백성을 다스렸다(삼상 10:17-24). 그러므로 비스바는 기도와 예배의 장소였고, 신령한 성소였으며(삿 20:21, 삼상 7장, 10장), 정치적으로 매우 중요한 요지였다(왕상 15:22). 미스바는 예루살렘 함락 후 갈대아 장관 그달리야가 주둔하고 있었던 곳이며 바벨론 귀국 후에도 중요한 도시가 된다. 포로 귀환 후 이곳의 바벨론 관리들은 이스라엘 백성의 예루살렘 성곽 재건 역사에 많은 도움을 주었다(느 3:15).

중앙산지(유다, 헤브론)

# 라마 Ramah

**라마 지리안내**

라마는 예루살렘 북쪽 8km, 기브아 북쪽 3.2km, 기브온 동쪽 4.8km, 게바 서쪽 3.2km를 경계에 위치해 있다.

라마의 뜻은 '높은 곳'이다. 베냐민 지파의 성읍인 라마는 예루살렘 북쪽으로 위치한 교통의 요지였다. 남북 분열 왕국 시대의 북이스라엘왕 바아사는 남유다로 가는 이스라엘 백성들이 남쪽으로 이주하는 것을 막고 남유다를 견제하기 위해 라마에 성곽을 축성하였다(왕상 15:17). 그러나 남유다 왕 아사의 요청을 받은 수리아에 의해 라마 성은 무너졌고, 남유다는 여기 사용된 건축 자재들을 가져와 게바와 미스바 성을 쌓았다(왕상 15:18-22). 훗날 바벨론 유수에서 선지자 예레미야는 이곳 라마에서 석방되었으며(렘 40:1,4), 바벨론에서 귀환한 포로들 중에 베냐민 지파 사람들이 다시 이곳에 정착하였다(스 2:26, 느7:30). 이곳에 야곱의 아내 라헬의 묘가 있다고 전통적으로 알려져 있다(삼상 10:2).

중앙산지(유다, 헤브론)

# 놉 Nob

**놉 지리안내**

놉은 예루살렘 북동쪽 2㎞ 지점에 위치한 베냐민 지파의 성읍(느 11:32)이다.

놉은 '높은 장소', '산당'이라는 뜻이다. 이곳은 이름의 뜻처럼 높은 지대에 있다. 그래서 예루살렘을 내려다 볼수 있었다. 사울왕 때 이곳에 성막이 있었으며(삼상 22:11;19), 왕이 되기 전의 다윗은 사울을 피해 놉 땅의 제사장 아히멜렉을 방문해서 오래된 진설병으로 허기를 면한 적이 있다. 그러나 이곳에 살던 사울의 목자인 에돔 사람 도엑의 밀고로 아히멜렉을 비롯한 제사장 85명이 학살당했으며 성읍이 파괴되는 비운을 겪는다. 이사야 선지자는 앗수르가 남유다를 침공하여 놉에 진을 치고 예루살렘 공격을 준비할 것이라고 예언하였다(사 10:32). 사울 왕의 시대 이래로 사람들이 거의 살지 않았고 포로기 이후에도 약간의 사람들만이 이주해서 살았다고 알려져 있다.

중앙산지(유다, 헤브론)

# 소고 Socoh

**소고 지리안내**

소고는 헤브론의 남서쪽 방향으로 16km 지점에 위치하며 오늘날의 키르벳 슈웨커 지역으로 추측된다.

소고는 '연한 가지'라는 뜻을 가지고 있으며 유다 지파에게 분배된 성읍(수 15:35)이다. 아둘람과 아세가 사이, 벧세메스 남동쪽에 있는 이곳은(수 15:35) 블레셋이 골리앗과 함께 이스라엘을 공격할 때 이곳에 모여서 소고와 에스가 사이의 에베스담밈에 진을 쳤다. 그리고 그곳에서 다윗이 골리앗을 죽였다(삼상 17장). 후에 르호보암은 이곳을 탈환하여 요새화 시켰으나(대하 11:7) 아하스 왕 때는 다시 블레셋의 침공을 받아 점령당했다(대하 28:18).

중앙산지(유다, 헤브론)

# 기럇 여아림 Kiriath-Jearim

**기럇 여아림 지리안내**

기럇 여아림은 예루살렘 서북쪽 10km 정도 떨어진 곳에 위치한다.

기럇 여아림의 뜻은 '수풀의 도시'이다. 이곳에 대한 이름은 성경에서 기랴다림(스 2:25), 기럇(수18:28), 기럇 바알(수 15:60), 바알라(수 15:9) 등 다양하게 나타난다. 기럇 여아림은 여호수아가 가나안 정복시 여호수아에게 나아와 기브온, 그비라, 브에롯 성읍과 함께 화친한 네 성읍 중의 하나이다(수 9:3-18).

기럇 여아림은 블레셋이 돌려보낸 여호와의 궤가 머문 곳이다. 벧세메스에서 옮겨온 법궤는 미스바 전투에서 승리하기까지 이곳의 아비나답의 집에서 보관 되었다(삼상 7장). 다윗이 예루살렘으로 법궤를 옮기기 까지 걸린 기간은 126년으로 생각된다(삼상 7:2, 삼하 6:10-12, 행13:21).

중앙산지(유다, 헤브론)

# 베다니 Bethany

**베다니 지리안내**

예루살렘 동편 감람산을 넘어 언덕 아래 위치한 작은 마을이다.

베다니의 뜻은 히브리어로는 '우울의 집'이고, 아랍어로는 '가난의 집'이라는 뜻을 가지고 있다.

이곳의 중요한 유적지는 나사로의 무덤과 성 나사로교회가 있다. 예수님께서 죽은 나사로를 살리신 동네로(요 11:1)지금도 이곳은 나사로의 동네로 불리운다. 이곳에 세워진 나사로 교회 안에는 나사로 이야기의 장면들이 찬란한 색의 모자이크 벽화로 그려져 있다. 그리고 예수님을 대접했던 마르다와 마리아의 우물이 아직 남아있다. 마리아는 예수님을 자기 집에 모셔 향유를 예수님 발에 붓고 자기의 머리카락으로 닦아 드린 이로 성경은 기록하고 있다(요 12:1~5).

중앙산지(유다, 헤브론)

# 아나돗 Anathoth

**아나돗 지리안내**

아나돗은 예루살렘의 동쪽 4.8km 지점에 있다.

아나돗의 뜻은 '응답들', '위대한 응답'이다. 아나돗은 베냐민 지파 지역에 있는 레위인을 위해 할당된 48개 성읍의 중의 한 곳이 되었다(수 21:18). 다윗의 용사 중에 아비에셀(삼하 23:27)과 시글락에서 다윗을 도왔던 예후(대상 12:3)는 아나돗 사람이었다. 다윗이 죽은 후에 솔로몬은 아도니아를 왕위에 올리려 했던 아비아달을 아나돗으로 추방하였다(왕상 2:26).

아나돗은 예레미야의 출생지이며, 그가 처음으로 예언을 행한 곳이기도하다. 그러나 그 예언으로 예레미야는 사람들로 부터 심한 반발을 사게 된다(렘 11:21).

# 유다광야
Judean Wilderness

이스라엘
중부지역의
유다광야의 위치

**유다광야 지리안내**

중앙산지에서 동편 사해 방향으로 내려가는 길 약 20킬로미터 가량 거친 사막과 광야 지대를 일컫는다. 곳곳에 거친 언덕과 돌들, 협곡과 벼랑으로 구성되어 있으며 해발 800여 미터의 중앙산지로부터 해저 400미터 가량의 요단 계곡과 사해로 내달리는 길이 매우 가파르다.

유다광야는 사해 북서쪽 여리고 위쪽으로부터 시작되는 전형적인 사막 형태의 땅으로 사해 남단 마사다에 이르기까지 주로 사해 왼편의 거친 지형지대를 말한다. 유다광야는 상대적으로 높은 중앙 산지와 상대적으로 저지대인 사해와 요단 계곡 사이에서 일종의 높새바람 기후의 영향을 받아 메마르고 거친 환경이 되었다. 무엇보다 중앙산지와 요단계곡 사이 경사면이 매우 가팔라 메마른 구릉지대와 깎아지르는 절벽, 그리고 아주 깊고 험한 협곡 및 폭포를 이루는 건천(wadi)들로 유명하다. 추위와 더위가 하루 사이에도 급변하는 곳이며 연평균 강수량이 100밀리미터도 되지 않는 곳이어서 매우 건조한 곳이기도 하다. 그러나 성서적으로 광야는 매우 의미 있는 곳이다. 모세나 엘리야, 다윗과 바울 등이 이곳 광야에서 영적인 성장과 부흥을 체험했다. 예수님께서도 여기 광야에서 시험을 받으셨다.

# 와디 켈트(Wadi Kelt)

## 예루살렘에서 여리고로 가는 길

**와디 켈트 지리안내**

예루살렘에서 여리고로 내려가는 길에 위치한 세개의 샘을 가진 협곡길이다. 약 16km에 이른다.

나할 프랏(Nahal Prat)이라고도 불리는 이 고대의 길은 사람들이 오랫동안 예루살렘에서부터 여리고로 다니던 길이다. 와디라는 말이 마른 시내 혹은 강을 말한다면 나할은 강바닥을 의미한다. 비가 오면 많은 양의 물이 흐르지만 비가 내리지 않는 계절에는 물이 아예 흐르지 않거나 적은 양의 물만 흐르는 강을 의미한다. 유다광야에는 이런 와디가 많이 있다. 와디 켈트는 총 길이가 약 28킬로미터이며 해발 약 770미터 위치에서 시작하여 여리고가 있는 해저 330미

## 엔 프랏

Ein Pratt

와디 켈트의 첫 번째 샘의 이름이다. 늘 시원한 물이 흘러 넘치는 샘이 있어서 예루살렘과 현지 광야 주민들에게 휴식과 안식을 준다.

## 엔 마부아

Ein Mabua

와디 켈트 길의 두 번째 샘 이름이다. 규칙적으로 솟아오르는 샘으로 유명하다. 유대인들이 정결예식을 치르기도 한다. 비잔틴 시대 교회터와 헤롯의 수로 유적이 남아 있다.

터 경에서 끝난다. 길로 보자면 경사도가 꽤 있다고 볼 수 있다. 가는 길 내내 아인 프랏(Ein Prat), 아인 마부아. 그리고 아인 켈트(Ein Qelt) 등의 세 개 큰 샘이 있어서 아주 가물지 않는 한 항상 물이 흐른다. 여호수아가 유다 산지로 올라갔던 길이 바로 이 길이고 다윗이 압살롬을 피해 도망을 쳤던 길이 이 길이며, 느부갓네살 왕의 군대가 예루살렘을 점령하기 위해 올랐던 길도 이 길이다. 적어도 일 년에 세 번 유대인들은 이 길을 따라 예루살렘으로 올라갔고 명절을 지킨 후 이 길을 따라 다시 여리고로 내려가 갈릴리 등으로 갔다. 예수님께서 선한 사마리아인의 비유를 드신 곳도 이 길이며, 예수님 자신이 여리고로부터 예루살렘으로 올라가신 곳이 이 길이다.

비잔틴 시대 몇몇 수도원들이 이곳 계곡을 따라 세워졌는데, 여기 있는 수도원들은 모두 게오르게 코지바(George Koziba)의 영향으로 만들어진 것이다. 아인 마부아에는 비잔틴 시대 수도원 유적과 모자이크가 남아 있는 교회 유적이 있다. 아인 마부아 샘이 있는 곳에 교회터가 남아 있고 여리고 방향으로 100미터쯤 내려간 곳에 수도원 터가 남아 있다. 특히, 아인 마

03

## 엔켈트

Ein Pratt

와디 켈트 길의 마지막 샘이다. 여리고를 약 4km 정도 남긴 곳에 있으며 이 샘을 중심으로 성 조지 수도원이 세워졌다.

04

## 성조지수도원

St. George's Monastery

주후 6세기 경 순례를 위해 예루살렘을 방문한 성조지에 의해 절벽 동굴에 처음 세워진 수도원이다. 그리스정교회가 주관하고 있으며 현재도 와디 켈트를 여행자와 순례자에게 안식을 제공하고 있다.

부아(Ein Mabua)는 와디 켈트(Wadi Qelt)에 위치한 유명한 세 샘물 가운데 하나이다. 다른 두 개는 아인 프랏(Ein Prat)과 아인 켈트(Ein Qelt)이다. 아인 마브와는 히브리어로 '부글거리며 솟아오르는 물'이라는 뜻이며 아랍어로는 아인 파브와(Ein Fawwar)로 불린다. 아인 마브와는 수시로 물이 차오르는 방식의 독특한 샘이다. 현재 설치된 원통형의 물탱크에 물이 차오르고 그 물이 빠져 나가고 나면 일정 시간이 지난 후 다시 물이 차오르는 식이다. 겨울철 우기에는 그 물의 양이 상당히 많아 뿜어내는 횟수나 양이 많지만 여름철 건기에는 상대적으로 메마르게 되어 솟아오르는 샘은 메마르게 된다. 솟아오르는 위치의 건조물은 1931년 영국인들이 만들었으며 1970년까지는 여기서부터 펌프와 파이프를 연결하여 예루살렘으로 물을 끌어올렸다. 헤롯이 여리고까지 물을 끌어들인 수로의 흔적이 아직도 남아있다. 이곳으로부터 계곡을 따라 내려가면 아인 켈트를 만나게 되고 그 길을 계속 내려가면 여리고에 이르게 된다.

사마리아 산지

# 다볼산 Mt. Tabor

**다볼산 지리안내**

이스르엘 골짜기 가운데 북동쪽 산, 나사렛 동남쪽 9.6km 지점으로 현재의 벨엣 두르에 다볼산이 있다.

다볼산은 이스르엘 골짜기에 위치한 해발 588m의 종 모양을 한 산이다. 나사렛에서 갈릴리 호수를 향해 동남쪽으로 10여㎞를 가면 이스르엘 평야 한가운데 다볼산이 있다. 이 산은 푸른 평야 위에 우뚝 솟아있어 매우 아름답고 인상적이다. 해발 588m의 별로 높지 않은 산이지만 정상으로 오르는 길은 가파른 편이다. 산허리를 돌아 정상에 올라서면 이스르엘평야가 한눈에 펼쳐진다. 이스라엘 최대의 곡창인 이스르엘평야를 내려다 볼 수 있는 이곳은 오래 전부터 사람이 살았고 요새화됐다. 평야에 우뚝 솟아있는 고립된 위치, 험한 비탈 때문에 갈멜산과 헬몬산에 견줄 만큼 위용을 자랑한다. 다볼산은 변화산이라고도 불린다. 예수님께서 베드로, 야고보, 요한을 데리고 산으로 가셨다가 내려오셨는데 얼굴이 해같이 빛나며 옷이 빛과 같이 희어졌

다. 그리고 모세와 엘리야가 예수님과 더불어 말씀하시는 것을 제자들이 보았다. 이에 변화산이라고도 부르며 산의 정상에 이를 기념하는 교회가 세워져있다.

## 다볼산 정상의 종교적인 건축들

로마가톨릭과 그리스정교회는 전통적으로 다볼산을 예수님의 변화산으로 믿고 있다. 그래서 다볼산 정상에는 두 교회의 영역이 구분되어 서로 다르게 관리되고 있다.

### ❶ 예수변화기념교회

다볼산 정상 북동쪽에는 1921년 프란체스코 수도회가 서기 4세기 비잔틴 제국 시대의 교회 터에 세운 예수님의 변화(마 17) 기념교회가 있다. 성경에 기록된 높은 산이 다볼산인지는 정확하지 않으나 다볼산이 변화산일 것이라는 전통적인 견해에 힘입어 콘스탄티누스 황제의 어머니 헬레나가 주후 326년경 다볼산 정상에 교회를 세웠다.

### ❷ 엘리아기념교회

다볼산 정상에서 남동쪽에는 그리스 정교회가 지은 수도원이 있다. 1859년 루마니아 수도사들이 지었으며 예수님의 변화를 기념하는 북동쪽의 교회보다 좀 작은 규모로 엘리야를 위한 기념교회가 지어져 있다.

사마리아 산지

# 하롯샘 Spring of Harod

**하롯샘 지리안내**

하롯샘은 길보아산(동서쪽 길이 8km) 기슭에서 흘러나오는 큰 샘들 중에서 가장 서쪽에 위치한다.

하롯샘은 팔레스틴 지역에서 가장 수량이 많은 아름다운 샘 중의 하나이다. 이 샘물은 길보아산의 북서쪽에서부터 시작하여 이스르엘 골짜기를 통과하여 동쪽으로 흘러가서 벧산을 지나 요단강의 지류로 합류한다. 성경에서 하롯샘은 기드온이 300명의 용사를 선택한 장소이다. 지금은 국립공원으로 지정되어 보존되고 있으며 여러 편의시설을 갖추고 있어 많은 순례객들을 반기고 있다.

사마리아 산지

# 엔돌 En-Dor

**엔돌 지리안내**

엔돌은 다볼산의 남쪽으로 6km 지점의 에스드엘론 평야(고대의 므깃도 평원) 가장자리에 있는 오늘날 키르벳 엔돌과 동일시된다.

엔돌의 뜻은 '거주지의 샘', '신성한 집회의 샘' 등이다. 엔돌은 잇사갈 지파 안에 있는 므낫세 지파의 성읍이었으나 그곳 거민들은 쫓아내지 못했다(수 17:11). 사울은 블레셋과의 마지막 전투를 앞두고 불안한 나머지 블레셋이 수넴에 진을 치고 있을 때 엔돌에 있는 신접한 여인을 찾았다(삼상 28:7). 오늘날 이스라엘 정부는 엔돌의 위치를 성경의 기록대로 키르벳 엔돌로 표기하고 있다.

사마리아 산지

# 이스르엘 Jezreel

**이스르엘 지리안내**

벧산과 므깃도 남쪽 사이에 대평원에 위치해있으며 레기오 에 서 16km 벧 산 에 서 19km지점에 있다.

이스르엘의 뜻은 '하나님이 씨를 뿌리신다', '하나님이여 번성케 하소서' 등이다. 이스르엘은 중요한 전략적 요충지이다. 이곳은 잇사갈 지파가 분배받음 성읍이다(수 19:18). 사울과 블레셋과의 마지막 이차 대규모 전투는 이곳 근처에서 일어났으며, 사울은 이 싸움 때 이스르엘 가까이에 있는 샘에 진을 쳤다(삼상 29:1). 이스르엘은 이스라엘이 분열 왕국이 된 후 뚜렷한 역할을 갖게 되는데 북이스라엘의 아합왕이 이곳에 별장을 두었다(왕상 18:45-46). 오늘날 이스르엘은 무너져 내린 벽돌 흔적과 이스르엘 평야를 한눈에 볼 수 있는 곳이다.

사마리아 산지

# 나인 Nain

나인 지리안내

나인은 나사렛 남동쪽 10㎞ 지점의 작은 헤르몬 산으로 불리는 모레산 기슭에 위치한 곳(삿 7:1)이다.

나인의 뜻은 '귀여운', '사랑스러운', '아름다운'이다. 구약 시대에 이곳은 모레산으로 알려 졌고(삿 7:1) '작은 헤브론산'으로 불리기도 한다. 오늘날 네인으로 불리는 아랍마을인 이곳은 성경에 한 과부의 죽은 아들을 예수님이 살려 주신 곳이다. 예수님이 죽으시고 다시 사신다는 부활의 표적을 볼 수 있는 곳이다. 이곳에는 이스르엘 평원의 아름다운 전망이 보이고 좋은 샘이 있으며 올리브와 무화과나무 숲들이 있다. 그래서 잇사갈 지파의 '아름다운 땅'(창 49:15)이 곧 이 곳 나인땅을 가르킨다. 오늘날 나인에는 프렌체스코회에서 다시 살아난 과부의 아들을 기념하여 세운 나인성교회가 있다.

사마리아 산지

# 수넴 Shunem

**수넴 지리안내**

수넴은 다볼산 서남쪽 약 8km, 예닌에서는 북쪽으로 14.4km 지점에 있는(수 19:18) 오늘날 텔 수넴이다.

수넴의 뜻은 '굴곡의 땅'이다. 잇사갈 지파에게 분배된 성읍으로(수 19:18) 블레셋 사람들이 이스라엘 군과 길보아 산에서 전투하기 전에 진을 쳤던 곳이다(삼상 28:4). 수넴에 사는 두명의 여인이 성경에서 등장한다. 첫 번째 여인은 다윗왕의 노년에 그를 시중들던 시녀 아비삭(왕상 1:3)이고 두 번째 여인은 엘리사 선지자에게 음식을 대접했던 여인(왕하 4:8-37)이 있다. 이 여인은 엘리사가 머물 수 있도록 집에 다락방을 준비하고, 편히 유숙할 수 있도록 공궤했다. 이에 엘리사가 답례로 그녀에게 아들을 낳게 하였으나 이 아들이 병들어 죽었을 때 선지자 엘리사는 그녀의 아들을 살려주었다.

사마리아 산지

# 므깃도 Megiddo

**므깃도 지리안내**

갈멜산 남동쪽, 예루살렘으로부터 북으로 120km 지점의 이스르엘 골짜기의 남부에 위치한다.

므깃도가 중요한 도시인 이유 중 하나는 남북으로 지나가는 해변 길과 악고와 벧산을 연결하는 동서의 연결 도로가 교차하는 전략적 요충지이기 때문이다. 그래서 이 곳에서는 큰 전쟁이 많이 치러졌다. 역사적으로도 나폴레옹이 1799년에 터키군과 싸웠고 1차 세계대전 중에 알렌비 장군이 터키군을 이곳에서 격퇴하였다.

성경에서 여호수아와 이스라엘 자손들이 정복한 땅 중에 므깃도는 므낫세 지파에게 돌아갔는데, 그들이 차지한 땅의 원주민들이 완강히 반항했기 때문에 완전히 몰아내지 못했다. 솔로몬이 이스라엘을 열두 구역으로 나누어 통치할 때에 바아나가 다스렸으며(왕상 4:12), 솔로몬은 므깃도를 철병거성으로 건축하였다(왕상 9:15). 므깃도는 요한계시록의 아마겟돈 전쟁이 벌어질 곳으로 알려져 있다(계

16:16). 이곳에서는 대규모의 발굴이 이루어져 수많은 시대의 유물이 발굴되었다. 이곳에서는 석동기 시대의 신전 유물, 철기 시대의 건물, 솔로몬 시대의 방어벽이 있는 성문과 마구간, 아합왕 시대의 거대한 지하수로, 여로보암 시대의 곡식 저장소가 발견되었다.

01

## 곡식 저장소

Storing place for grains

나선형 계단으로 규모가 상당히 큰 므깃도의 곡식 저장소다.

02

## 마구간터

Megiddo stables

솔로몬이 건설했다는 마병성의 광장이다. 중앙에 말에게 물을 먹이던 물통이있다.

03

## 바위를 파서 만든 수로

Megiddo water system

이 터널은 성 안에서 60m 깊이로 땅을 파 내려갔으며 길이가 120m에 달한다.

04

## 이중성문

The Gateway of Solomon

솔로몬이 건축한 므깃도 성의 이중 성문이다.

사마리아 산지

# 사마리아 Samaria

**사마리아 지리안내**

사마리아는 예루살렘 북쪽 74km지점, 세겜 북쪽 13km 지점에 위치해있다.

사마리아는 북이스라엘의 오므리 왕이 세멜에게 은 두 달란트를 주고 매입하여 그 산 위에 성을 건축하고, 성 이름을 그 산 주인이었던 세멜의 이름을 따서 사마리아라고 일컬었다(왕상 16:24)

사마리아는 여호수아가 가나안을 정복하며 땅을 취하여 분배할 때 에브라임, 단, 므낫세, 반 지파에게 준 땅이다. 이스라엘이 분열된 후, 북이스라엘의 수도는 사마리아였다. 이후 사마리아는 여러 고초를 겪는다. 앗수르 왕 살만에셀이 북이스라엘을 점령하였고 이스라엘 백성을 포로로 취하고 앗수르 국민을 사마리아에 옮겼다(왕하 17:3-6,24). 그리고 마게도냐, 알렉산더 대왕이 점령하여 또 사마리아인을 축출하고 자기 국민을 사마리아에 이식하였다. 그 후로 유대인들은 사마리아인들을 멸시했고 서로간의 반목이

발생했다. 예수님의 선한 사마리아인의 비유(눅 1:30-37)에서 인상깊게 등장하며 예수님께서 문둥병자 10명을 고쳐 주셨을 때 다 가버리고 사마리아 사람 하나만 와서 감사함으로 그를 칭찬하셨다(눅 17:11-19). 예수님시대 이곳은 세바스테아라 불렸다.

오늘날 이곳에는 로마 시대에 헤롯이 지은 왕궁과 신전 및 오바댜 선지자의 무덤으로 전해지는 무덤 외 여러 유적등이 남아있다.

## 01 헤롯의 왕궁터

The sight of Herod's palace

헤롯의 별궁이 유적으로 남아있다.

## 02 아우구스투스 신전터

The sight of Augustus Temple

사마리아에는 아우구스투스를 신으로 숭배하는 신전이 있었다.

Landscape of Samaria

사마리아 산지

# 세겜 / 나블루스 Shechem / Nablus

**세겜 지리안내**

세겜은 예루살렘 북쪽 63km 지점에 중앙 산악 지대에 있는 대표적인 성읍으로, 북쪽에는 에발산(940m)이 있고 남쪽으로는 그리심산(881m)이 있다.

아브라함은 이곳 세겜에서 하나님으로부터 젖과 꿀이 흐르는 가나안 땅을 주신다는 약속을 받았다. 세겜은 아브라함이 하나님의 말씀을 따라 하란을 떠나 처음으로 멈춘 곳이기도 하다(창 12:6). 또한 야곱의 아들들은 세겜에서 양을 치다가 도단으로 옮겨가서 그곳으로 찾아온 요셉을 팔아버렸다(창 37:12-14). 이후 애굽의 총리를 지낸 요셉이 죽은 후, 요셉의 뼈가 세겜에 장사되었다(수 24:32). 현재 요셉의 무덤은 아랍인들에 의해 많이 파괴되었다.

예수님께서 사마리아여인을 만나 영생에 대해 말씀하셨던 야곱의 우물은 지하에 남아있다. 이 우물을 기준으로 기념교회가 세워졌으며 유적지에는 언약의 석비라고 불리는 것이 있고 아직도 당시의 돌로 쌓은 성벽의 일부가 남아 있다. 오늘날 이곳은 아랍인의 큰 도시 중의 하나이며 나블루스라고 불린다.

사마리아 산지

# 그리심산 Mt. Gerizim

**그리심산 지리안내**

세겜을 중심으로 남쪽에 위치한 해발 867m의 산이며 군사요충지이다.

그리심은 '자르다'는 뜻이다. 에발산을 마주보며 위치해 있다. 모세는 이스라엘 백성을 향해 가나안에 들어가면 이 산에서 축복을, 마주보는 에발산에서는 저주를 선포하도록 지시했다(신 11:29), 여호수아는 이 명령을 따라 기나안 땅에 들어가서 제단을 쌓고 모세의 율법을 돌에 기록한 후 그리심산과 에발산에서 각각 축복과 저주의 율법을 선포했다(수 8:30-35). 이는 이스라엘 백성에게 하나님께 순종하는 자가 산 꼭대기에서 아비멜렉을 왕으로 삼은 어리석음을 빗대어 왕으로 선택된 나무의 우화를 말한 바 있다(삿 9:1). 후에 바벨론에 포로되었다가 귀환한 유다 사람들이 예루살렘에 성전을 지을 즈음 혈통적으로 선민의 순수성을 잃어버린 사마리아인들은 이곳 그리심산에 자신들의 성전을 세우고 신앙의 본거지로 삼았다.

사마리아 산지

# 에발산 Mt. Ebal

**에발산 지리안내**

에발산은 사마리아 지방에 있는 아이 성에서 북쪽 약 32㎞ 지점에 위치한 해발 925m의 높은 산이다.

에발산은 '벌거숭이 산', '민둥산' 이라는 뜻을 가지고있다. 일명 '축복의 산'이라고 부르는 그리심산을 마주보고 있으며 에발산이 그리심산 보다 약 58m 더 높다. 일명 '저주의 산'이라고 불리며 출애굽한 백성들이 가나안 땅으로 진입할 때 이 산지에서 저주의 율법이 선포되도록 했고 또 여호와를 위해 돌단을 쌓도록 했었다(신 11:29; 27:4-26, 수 8:30;33). 에발산에서 율법이 새겨진 돌을 세운 것은 율법을 범한 자에게 엄중한 경고를 주기 위함이었다.

사마리아 산지

# 실로 Shiloh

**실로 지리안내**

실로는 예루살렘 북쪽 약 32km에 있고 세겜에서 남쪽으로 약 20km 지점에 있다.

실로의 뜻은 '휴식처'이다. 이스라엘 백성들은 가나안에 들어가 실로에 회막을 세웠다(수 18:1). 실로는 지리적으로 방어하기 유리한 조건을 갖추고 있어 여호수아 시대부터 사무엘 시대까지 언약궤를 두었던 곳이다. 이후 실로는 정치 종교의 중심지가 되었으며(수 22:9,12) 이곳에서 마지막 일곱 지파가 땅을 분배받았다(수 18:2-10).

엘리 제사장 때 언약궤를 블레셋에게 빼앗겼으며(삼상 4:11,렘 7:12-16) 다시는 이곳으로 언약궤가 돌아오지 않았다(삼상 6:21;7:1-2,삼하 6:2). 이후 실로는 사무엘이 어린시절을 보내고 엘리가 늙은 후 그 아들들의 범죄로 쇠락의 길로 들어서게 된다. 오늘날 유대인들은 실로의 유적을 적극 개발하고 있다.

사마리아 산지

# 벧엘 Bethel

벧엘 지리안내

벧엘은 예루살렘 북쪽 17km 쯤 되는 곳이며 해발 880m의 고지대에 위치해 있다.

벧엘의 '벧'은 집, '엘'은 하나님이란 뜻으로 그 뜻은 '하나님의 집'이다. 벧엘은 예루살렘에 이어 성경에서 많이 나오는 중요한 성읍으로 아브라함 때에는 루스라고 불렀다. 야곱이 에서를 피해 하란으로 가던 길에서 꿈에 하나님의 역사를 본 후 잠에서 깨어 베개로 삼았던 돌을 가져다가 기둥으로 세우고 그 위에 기름을 붓고 그 이름을 벧엘이라 했다(창 28:18-19). 벧엘은 이스라엘 백성들이 가나안으로 들어갈 때 점령당했으며, 사사시대에는 하나님의 법궤가 한때 이곳에 머물렀다(수 18:1-13). 분열왕국시대에 북이스라엘의 첫 번째 왕인 여로보암은 남쪽으로 가는 인심을 막기 위해 북쪽에는 단에, 남쪽에는 벧엘에 금송아지를 만들어 세웠다(왕상 12:26). 이로인해 한동안 예루살렘과 필적할 만한 위치에 놓이기도 했다.

사마리아 산지

# 에벤에셀 Ebenezer

**에벤에셀 지리안내**

에벤에셀은 오늘날 아벡 북쪽 2.5km지점인 로쉬 하 아인의 기밧 탈 동네이다.

에벤에셀의 뜻은 '도움의 돌'이다. 이스라엘이 블레셋과의 전투에서 승리하게 하신 하나님께 감사하며 사무엘이 미스바와 센 사이에 세운 돌에 붙여진 이름이다. 후에는 그 곳의 지명이 되었다(삼상 7:12). 이곳은 샤론 평원 아벡 근처에 있던 에브라임의 한 성읍이다. 사무엘 선지자는 당시 이스라엘은 아벡에 진을 치고 있던 블레셋을 맞아 전투를 벌였으나 패배하고 말았다(삼상 4:1-3). 후에 이스라엘은 블레셋에게 승리하기 위하여 실로에 있언 언약궤를 이곳으로 가져왔으나 다시 한 번 패배하고, 승리를 위해 들고왔던 언약궤마저 블레셋에게 빼앗기고 말했다(삼상 4:4; 5:1)

오늘날 이곳은 돌이 많은 관계로 채석장으로 쓰이기도 한다.

사마리아 산지

# 아이 Ai

**아이 지리안내**

아이는 여리고 북서쪽 약 16㎞ 지점에 위치한 가나안 정복지 중 두 번째 성읍이다.

아이의 뜻은 '폐허', '황폐해진 작은 산' 이라는 뜻이다. 아이는 해발 800m가량의 고지대에 위치해 있으며 이는 여리고보다 약 1km 더 높은 천연의 요새지이다. 성경에서는 아브라함이 하란을 떠나 가나안 땅 세겜 상수리나무 있는 곳을 지나 벧엘과 아이 사이에 두 번 장막을 친 기사(창 12:8;13:3)와 가나안 정복 전쟁 당시 이스라엘이 아간 한 사람의 범죄로 아이성에 패배했으나 후에 재공격하여 멸망시킨 이야기가 성경에 기록되었다(수 7-8장). 훗날 앗수르에 정복되었고(사 10:28), 바벨론 포로 귀환시 아이 사람들이 스룹바벨과 함께 귀국했으며 이후 베냐민 지파 사람들이 거주하였다(느 11:13).

해안과 평야

# 갈멜산 Mt. Garmel

**갈멜산 지리안내**

오늘날 하이파 항구에서 남쪽으로 내려간 곳에 있는 해발 540m의 산이다.

갈멜산의 뜻은 '포도원의 산'이라는 뜻이다. 갈멜산에서는 영적인 전투를 포함하여 여러 전투가 있었다. 여호수아는 이 산에서 욕느암왕을 격멸하였다(왕상 18:20-40). 가장 유명한 것은 엘리야가 바알의 선지자들과 벌인 영적인 대결에서 승리한 것으로 엘리야는 850명이나 되는 바알 아세라의 선지자들과 영적인 대결에서 살아계신 하나님을 그들에게 보였다(왕상 18). 갈멜산 위의 대결이 있었던 장소는 해발 482m 높이의 무흐라타 봉우리로 갈멜산의 남쪽 봉우리이다. 이곳은 이스르엘 골짜기가 보이는 곳이기도 하다. 무흐라타는 '불의 제단'이라는 뜻으로 지금은 그 자리에 갈멜수도원이 자리 잡고 있다. 여기에 엘리야의 동상이 세워져 있는데 단검을 든 늠름한 엘리야의 모습을 만날 수 있다.

해안과 평야

# 가이사랴 Caesarea

**가이사랴 지리안내**

가이사랴는 펠레스타인의 해안 도시로 갈멜산에서 남쪽으로 약 37km 지점에 위치해 있다.

'가이사랴'는 헤롯대왕(주전 37-4)이 방파제를 쌓아 만든 인공도시이다. 이는 자신의 후원자인 아우구스투스 가이사의 이름을 따서 '가이사랴'라고 불렀다. 가이사랴는 약 12년간의 공사 끝에 주전 13년경 완성되었다. 가이사랴는 아주 큰 항구도시이다. 헤롯이 이렇게 큰 항구도시를 건설한 이유는 자신이 이스라엘의 위대한 통치자임을 대내외에 과시하기 위함이었다. 구약시대 이스라엘의 항구로는 솔로몬이 성전을 건축할 때에 북쪽 레바논으로 금과 백향목을 수입하던 항구 욥바가 있었다. 그러나 새로운 항구를 건설함으로서 로마의 문물을 신속하게 받아들이고 사마리아의 농산물을 로마에 수출하면서 자신의 업적을 과시하고자 했다. 가이사랴는 20세기 고고학자들에 의해 발굴되었다. 로마시대의 유적으로 성벽, 극장, 경마장, 신전, 회당 등이 남아있으며 그밖에도 도서관, 목욕탕, 기념탑등이 있다. 가장 관심있는 유물 중 하나는 빌라도의 이름이 새겨진 돌판이다. 이 발견으로 빌라도의 존재에 대한 의구심을 해소할 수 있었다. 오늘날에는 국립공원으로 지정되었고 특별히 3만석 규모의 야외극장에서 매년 이스라엘의 음악제가 열린다.

## 빌라도의이름이새겨진비석

Pilate stone

가이사랴에서 발견된 로마 총독 빌라도의 이름이 새겨진 비석이다.

## 반원형 극장

The Roman theatre

헤롯이 지은 반원형 극장으로 오늘날에도 공연이 이루어 진다.

03

## 수도교

Maritima aqueduct

갈멜산의 수원으로부터 이곳까지 교각을 통해 물을 끌어들이는 역할을 했다.

04

## 헤롯 궁전터

Herod's palace

바울이 로마로 압송되기 전에 여기에서 재판을 받고 로마로 압송되었다.

해안과 평야

# 욥바 Joppa

욥바 지리안내

욥바는 예루살렘 서북쪽 65km쯤, 지중해안의 가이사랴 남쪽에 위치한 해안 항구 도시이다.

욥바는 솔로몬이 예루살렘 성전을 건축할 때 레바논 산에서 채벌한 백향목을 두로나 시돈 항구에서 뗏목을 만들어 지중해로 흘러내려 욥바 항구로 상륙하여 예루살렘으로 반입했다(대하2:1-16). 욥바는 선지자 요나가 니느웨에 가서 하나님의 말씀을 전하라는 명령에 불순종하여 다시스로 도망하기 위해 배를 탄 곳이기도 하다(욘1:3). 신약시대에 베드로는 욥바에서 선행과 구제하는 일을 많이 하다가 죽은 다비다를 살린 곳이다(행 9:36-42). 이곳에는 다비다의 무덤으로 전해 오는 무덤이 있다. 또한 베드로가 욥바 해변가에 사는 가죽으로 상품을 만드는 무두장이 시몬의 집에 머물러 있다가(행 9:43), 기도 시간에 환상을 본 후 가이사랴에 가서 고넬료에게 복음을 전하여 이방 선교의 문이 확장된 계기가 된 곳이다(행 10:17-48).

## Landscape of Joppa

욥바는 현재 자파(Jaffa)라고 불리며 이스라엘의 주요 도시인 텔아비브(Tel Aviv) 바로 남쪽에 있다. 항구가 아름답고 예술가들의 스튜디오가 발달해 있다.

### 01 무두장이 시몬의 집

Simon the tanner's house

욥바 중심지에서 항구로 내려가는 도중에 무두장이 시몬의 집터로 알려진 곳이 있다.

### 02 환상교회(베드로 수도원)

St. Peter's Church, Jaffa

베드로가 환상을 본 것을 기념하여 세운 교회가 욥바 항구의 언덕 위에 있다.

해안과 평야

# 라기스 Lachish

**라기스 지리안내**

마레사 서남쪽 6km지점에 있는 고대 유다 지방의 중요 도시중의 하나이다.

라기스는 유다 왕국의 역사와 매우 깊은 관련이 있다. 라기스는 이중 성벽과 상중문으로 구축된 요새이며 남방 방어선의 요충지였다. 그러나 히스기야왕 때 앗수르의 왕 산헤립에 의해 멸망되었다.

라기스에서는 수많은 고고학적 자료들과 유적이 발굴되었다. 최근의 발굴을 통해서는 극히 제한된 구역에서 유대교의 성전, 이스라엘의 성소, 산당, 페르시아때의 성전 등이 발굴되었다. 이는 전례없는 발굴이며 라기스가 신성한 장소로서 고대부터 전통이 있음을 알려주는 것이다.

오늘날 라기스는 남부 이스라엘의 발전 지역이 되었고 이스라엘 사람들의 농업정착지인 모샤브가 건설되었다.

해안과 평야

# 가사 Gaza

**가사 지리안내**

지중해 해변에서 4.8km 정도 내륙에 있으며, 예루살렘에서는 서남쪽으로 약 92km 되는 곳에 있다.

가사는 여호수아 시대에 블레셋의 중요한 5대 성읍(아스돗, 아스글론, 가드, 에드론, 가사) 중의 한 곳으로 중요한 요지였는데 한때 유다 지파가 살았다는 기록도 있다(수 15:47, 삿 1:18). 삼손이 드릴라의 유혹에 빠져 블레셋인들에게 잡힌 후 이곳 가사에서 두 눈이 뽑혀 옥중에서 맷돌을 돌리다가 신전을 무너뜨려 죽었다(삿 16:21,31). 가사는 솔로몬 때 이스라엘의 영토가 되었으며(왕상 4:24), 예레미야를 포함한 몇몇의 예언자들은 가사에 대하여 예언하였다(렘 47:1,5). 빌립은 가사로 내려가는 길에 에디오피아 내시를 만나 복음을 전했다(행 8:26). 현재 가사는 팔레스타인 자치지구로 일반 관광객이 방문하기 어렵다.

해안과 평야

# 벧세메스 Beth-shmesh

**벧세메스 지리안내**

소렉 골짜기 바로 남쪽에 있으며 예루살렘에서 24km 떨어진 곳에 위치해 있다. 소렉 골짜기를 따라 서쪽으로 가면, 성경에 소개된 고대 벧세메스의 유적이 남아있다.

벧세메스는 '태양의 집'이라는 뜻이다. 가나안 사람들이 이곳에 살 때 이곳을 '해의 성'이라 하여 태양신을 위한 신전까지 건축하였다.

성서에서는 아론 자손에게 준 땅(수 21:16)이며, 블레셋 사람들이 돌려보낸 법궤를 에그론에서 이곳으로 가져왔을 때 주민들이 불평하여 벌을 받은 곳이기도 하다(삼상 6). 이스라엘의 요아스왕이 유다왕 아마샤를 사로잡은 곳(왕하 14:11, 대하25:23)이기도 하다.

오늘날 이곳은 38번 도로 건너편에 성경의 지명을 따서 세운 유대인 정착촌이 있으며, 멀리 남쪽으로 엔간님의 정상 부분이 보이며, 북쪽으로는 소렉 골짜기의 높은 산꼭대기에 위치한 소라를 볼 수 있다.

해안과 평야

# 드고아 Tekoa

**드고아 지리안내**

유다 광야에 있으며 예루살렘에서 남쪽으로 약 15km 베들레헴의 남쪽으로 약 10km에 위치해 있는 1,000m에 가까운 고지이다.

드고아는 예언자 아모스의 출신지이며 예루살렘 방어의 언덕이었던 이곳에는 오늘날 아무것도 남아있지 않다. 드고아의 동쪽에는 이 성읍의 이름을 딴 드고아 뜰이 있다(대하20:20). 여호사밧이 드고아 뜰에서 백성들과 같이 하나님을 찬송할 때 하나님께서 복병을 두어 유대를 치러온 모든 적병을 진멸하셨다(대하 20:20-23). 요압이 지혜로운 여인을 시켜 다윗에게 청하여 압살롬을 돌아오게 하였는데 이때 이 여인이 드고아의 여인이였다(삼상 14:2,21).

오늘날 현대 아랍 마을 드고아는 고대 드고아에서 북동쪽으로 4km 지점에 있으며 이 지역은 반이스라엘 경향이 강해 외국인의 접근에도 위험이 따른다.

해안과 평야

# 마레사 Mareshah

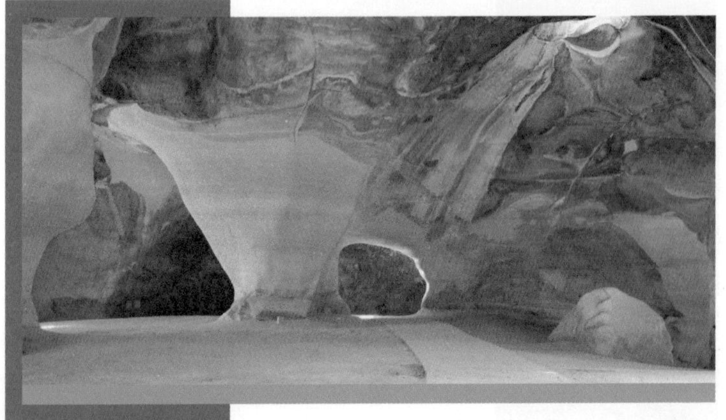

마레사 지리안내

베이트 지브린 남동쪽으로 1.6km 떨어진 지점의 텔 산다한나(Tell Sandahanna)가 마레사이다.

마레사의 뜻은 '머리되는 장소' 혹은 '소유하다'이다. 마리사는 마레사의 헬라식 명칭이다. 마레사는 남유다의 르호보암 왕이 요새화하였고 아사가 더욱 강화하였다(대하 11:8). 분열왕국 시대에 아사는 그랄의 사령관이었던 구스 사람 세라가 주전 918년경 유다를 침입했을 때 이곳 마레사 성채 근방에서 싸워 이겼다(대하 14:9-14). 마레사는 드다와후의 아들 엘리에셀의 고향으로 그는 아하시야와 여호사밧이 연합 전선 계획을 세우는 것을 보고 실패할 것이라는 예언을 하였다(대하 20:37). 미가 선지자도 이 성의 멸망을 예언하였다(미 1:15). 포로 기간동안 에돔인들은 남쪽 유다에 침입해서 마리사를 에돔인들의 수도 중의 하나로 만들었다.

해안과 평야

# 게셀 Gezer

게셀 지리안내

게셀은 룻다 남동쪽 약 11km, 라므라 남동쪽 8km에 위치한 곳이다. 오늘날 텔 예셀(T. Jezer)이라는 옛 이름으로 많이 기억되고 있는 곳이다.

게셀의 뜻은 '분깃'이다. 아얄론 골짜기와 소렉 골짜기 사이에 가나안인들의 중요 도시였다. 고대 세셀른 스블라의 북서쪽 변방에 위치하였으며 평지로서 동부 지중해 연안의 여러 나라를 남북으로 이어주는 중요한 통로였다.

성경 속 게셀에 대한 언급은 여호수아가 리기스를 도우러 온 게셀 왕 호람을 살해하여 게셀을 진멸한 이야기에 등장한다(수 10:33). 그리고 다윗왕이 블레셋 사람들을 쫓아 갔을 때 이곳 게셀까지 내려왔다(삼하 5:25, 대상 20:4).

오늘날 이곳에는 아직까지 태양 숭배자가 사용하던 거대한 돌기둥이 즐비하게 남아있다. 이때문에 산당의 규모와 숭배자들의 규모를 파악하기도 한다. 지금의 이 기둥들은 지계석으로 여겨진다.

해안과 평야

# 엠마오 Emmaus

**엠마오 지리안내**

예루살렘에서 12km 떨어진 곳이라는 누가복음 24장 13절의 기록이 있다.

엠마오는 히브리어 하맛에서 온것이다. 하맛은 '따듯한 물이 나오는 샘'이다. 온천샘을 의미한다. 요세프스는 이 도시의 이름을 '온천'으로 해석했는데 이는 이곳의 치료에 유용한 온천이 있었기 때문이다.

성경에 단 한번 등장하는 엠마오의 위치는 추정만 할 뿐 정확하지는 않다. 그렇다고 존재하지 않는 것은 아니며 누가복음 2장에서 두 제자가 60스타디아(11.2km) 떨어진 엠마오라는 마을에 향하는 것과 예수님과 대화를 나눈 사실이 기록되어 있다.

교회사적으로 추정하는 성경의 엠마오는 암와스 엠마오이다. 암와스 엠마오는 라트룬 마을로 들어서는 언덕에 있다. 지금 이 언덕에는 프랑스 문화원으로 사용하는 라트룬 수도원이 있다.

해안과 평야

# 아둘람 Adulam

**아둘람 지리안내**

아둘람은 예루살렘 남서쪽, 헤브론 북서쪽16km지점이며 오늘날에도 이스라엘 지도에는 성경의 지명 그대로 아둘람으로 표기되어 있다.

아둘람의 뜻은 '격리된 장소' , '피난처', '은신처' 등이다. 아둘람은 규모는 작지만 견고한 성읍이었던 곳으로 야곱시대에는 가나안인이 살았으며(창 38:1~2), 야곱의 아들 중 유다는 아둘람 출신의 연인과 결혼했고 아둘람을 중심으로 활동했다. 다윗이 피난 다닐 때에는 유다 땅의 영향력 밖에 있었고 다윗은 종종 이 굴에 몸을 숨겼다. 다윗이 사울왕을 피하여 이 굴에 숨었을 때 그의 친구와 가족들이 그를 찾아왔다(삼상 22:1-2).

바위로 된 이곳 아둘람은 다윗의 피난처를 연상시키는 굴들이 남아있고 수풀과 나무들이 숲을 이루고 있다. 아둘람의 북쪽으로는 유대인의 정착하여 살고 있는 아데렛이 가까이 보인다.

갈릴리 일대

# 나사렛 Nazareth

**나사렛 지리안내**

나사렛은 예루살렘 북쪽 134km 지점, 다볼산 서쪽의 9km 지점에 위치하며 주위는 해발 375m의 산악지대로 둘러 싸여 있다.

나사렛은 구약성경에는 한번도 언급되지 않으며, 유대 역사가인 요세푸스 역시 자신의 글에서 나사렛을 한 번도 언급하지 않는다. 나사렛은 신약성경에서 예수님과 함께 등장한다. 나사렛은 예수님께서 태어나신 후 잠시 애굽으로 피신하셨던 때를 제외하고는 태아에서부터 유년기를 거쳐 성년이 되기까지 나사렛에 사셨으며 가브리엘 천사가 마리아에게 예수님의 수태를 고지한 곳 역시 나사렛이다.

나사렛은 예수님의 일생을 보낸 고향이다. 베들레헴의 한 마구간 말 구유에서 태어난 예수님께서는 헤롯의 박해를 피하여 애굽으로 피난 갔다가, 주의 사자가 이르는 대로 이스라엘 땅으로 되돌아와서 정착한 곳이 요셉과 마리아의 고향이기도 한 나사렛이다. 예수님께서 본격적으로 하나님 나라를 전파하실 때는 나사렛을 떠나지만 예수님의 이름

  D

앞에는 항상 나사렛이라는 말이 붙어 다녔다. 공생애 기간 중 예수님께서는 나사렛의 회당에서 이사야의 말씀을 읽은 후 동네 사람들에 의해 끌려가 낭떠러지에 밀쳐 죽을 위기를 맞기도 했다(눅 4:16-30).

## 수태고지교회

Basilica of the Annunciation

각 국에서 보낸 성화가 넓은 벽면을 가득 채우고 있으며 한국의 성화도 있다.

## 가브리엘교회

St. Gabriel Church

천사가 "은혜를 받은 자여 평안할 지어다"(눅 1:28)라고 한 자리에 세워진 교회다.

03

## 요셉교회

St. Joseph's Church, Nazareth

삼층 석조 건물로 옛날 유대인들의 목공 가구들을 볼 수 있다.

04

## 예수를 죽이려 했던 절벽

Mt. Precipice

나사렛에서 2km 떨어진 곳에 예수를 죽이려 했던 낭떠러지가 있다.

I D

갈릴리 일대

# 가나 Cana

**가나 지리안내**

가나의 위치는 나사렛에서 티베리아로 가는 길의 약 6~7km 지점에 있는 현재 카프르 가나라는 설이 가장 유력하다.

가나는 예수님께서 혼인잔치에서 물로 포도주를 만드신 이적을 행하신 곳이다(요 2:1-11). 이를 기념하기 위해 카프르 가나에는 두 개의 기념교회가 세워져 있다. 가톨릭 소속 프란시스코 교회와 희랍 정교회 두 교회가 있는데 모두 돌항아리들을 보관하고 있으며 각기 자신들이 보관하고 있는 돌항아리가 예수께서 이적을 행하신 본래의 항아리라고 주장하고 있다. 오늘날 이 교회당에서 결혼식을 행하면 행복하게 산다고 하여 많은 신혼 부부가 이곳에서 결혼식을 거행하고 있다. 요한복음에 나오는 기사 가운데 왕의 신하의 아들이 병들어 당장 죽어가는 것을 예수님은 가나에서 "네 아들이 살았다"라고 말씀을 하셨는데, 가버나움에 있던 환자가 그 말씀대로 소생하여 완쾌된 사실이 있다(요 4:46-54).

## 01 크파르 가나 기적교회

Wedding Church at Cana

그리스 정교회와 로마교회의 기적교회가 크파르 가나에 있다.

## 02 돌로 만든 항아리

Stone pot

예수님께서 이적을 베푼 항아리라고 주장하는 항아리가 두 교회에 있다.

Landscape of Cana

갈릴리 일대

# 세포리스(찌포리) Sepphoris

**세포리스 지리안내**

세포리스는 나사렛에서 북서쪽으로 6km 떨어진 지점에 위치한다.

세포리스는 성경에 한 번도 기록되어 있진 않지만 갈릴리 지역의 성읍으로서 역사적인 중요도가 있는 곳이다. 예수님의 고향인 나사렛과 매우 근접해 있기 때문에 예수님과 떨어뜨려 생각할 수 없는 곳이기도 하다. 몇몇 학자들은 역사적 예수님께서 세포리스를 잘 알고 있었을 뿐만 아니라, 그 도시의 건설에 참여하였다고 주장한다. 그리고 예수님은 헬레니즘적 도시인 세포리스의 영향을 많이 받았는데 '목수'로 번역되는 테크톤(tekton)은 단지 나무를 다루는 목수 뿐 아니라 돌을 다루기도 하고 다른 기술을 가진 넓은 의미의 기술자를 가리킨다. 따라서 요셉이나 예수님이 나사렛에서 가까운 세포리스에서 기술자로서 일하셨을 가능성이 있다.

갈릴리 일대

# 하솔 Hazor

하솔 지리안내

하솔은 갈릴리 호수 북쪽 16km지점에 위치하고 있다.

하솔은 고대 가나안의 왕이 있던 왕도였다. 가나안에 입주한 이스라엘의 여호수아 군대는 여리고와 아이성을 함락시키고 이어 예루살렘을 비롯한 주위의 다섯 왕들도 살해했다. 이후 여호수아가 남쪽 지역에 있는 성읍들을 차례로 격파하자 북쪽 지역의 하솔왕 게셀은 마돈, 시므론, 악삽 등 주위에 있는 성읍들과 연합군을 형성하여 메론 물가에서 이스라엘과 싸우려고 진을 쳤다. 그러나 오히려 여호수아에게 메롬 물가에서 패하였다.

이스라엘의 아합왕은 이 도시를 재건하여 그 후계자들까지 계속 사용하였다. 그리고 여로보암 2세 때에는 부유층 상인들이 소유했던 건물들에서 갈리리 지방 최초의 히브리어 명각이 발견되었다. 이 도시 위에는 앗수르 왕 디글랏빌레셀 3세가 멸망시킨 도시의 유적이 있었다.

갈릴리 일대

# 골란고원 Golan Heights

**골란고원 지리안내**

동쪽으로 시리아, 서쪽으로 이스라엘, 남쪽으로 요르단, 북쪽으로 레바논과 맞닿은 1800km² 면적의 광대한 고원 지역이다.

시리아와 이스라엘 사이에 있는 구릉 지대로, 헤르몬 산 남사면에 위치한 높이 1,000~3,000m의 현무암 지역으로 대부분 황무지로 이루어져 있다. 지명은 성서에 나오는 바샨 지방의 도피처인 골란 성에서 나왔는데, 바샨은 갈릴리 호 동쪽 지방의 명칭이다. 기후는 건조하나 토지는 비옥하여 헤르몬 산의 눈 녹은 물을 이용하여 야채, 과일, 밀 등을 재배한다. 1967년 중동 전쟁 때 이스라엘이 이 지역을 점령하여 오랫동안 분쟁지였다가 최근에 시리아로 다시 귀속되었다.

갈릴리 일대

# 헐몬산 Mt. Hermon

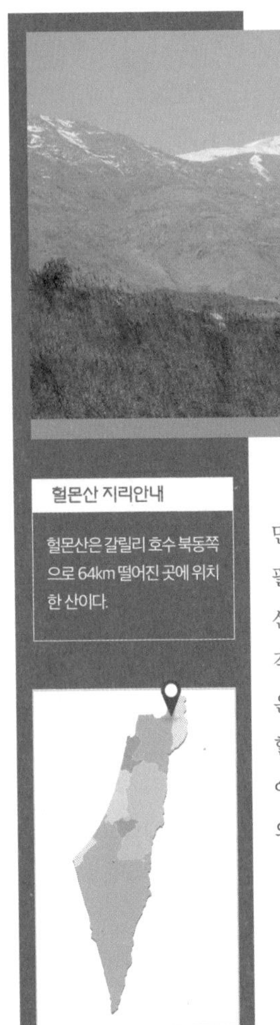


헐몬산의 뜻은 '거룩한 산' 이다. 헐몬산의 최고봉에는 만년설이 있으며 이 만년설이 녹아 요단강으로 흘러들어 팔레스타인 땅에 물을 공급해주는 주요한 수원이 된다. 또 산 꼭대기에 낮은 온도때문에 대기 중의 수분을 급격히 냉각시켜 밤동안 엄청난 양의 이슬이 내리는데 강우량이 적은 이 지역에서 이슬은 수분을 공급하는데 매우 중요한 역할을 한다. 성경의 시편 133편 1절에서 3절을 보면 헐몬산에서 내리는 이슬이 그 지역을 풍요롭게 함 같이 형제 연합의 축복이 바로 이 노래와 같다.

갈릴리 일대

# 단 Dan

**단 지리안내**

단은 예루살렘 북쪽 약 223km지점, 티베리아로부터 약 65km 거리에 있는 성읍이다.

단은 북이스라엘의 여로보암이 벧엘과 이곳에 금송아지를 만들어 경배하게 하였기에 중요한 도시가 되었다. 단은 우상숭배의 죄를 지적할 때마다 언급된 성읍이었다(암 8:14, 왕하 10:29). 단은 이스라엘의 영토를 구분할 때 '단에서 브엘세바까지'라고 부를 정도로 이스라엘의 북쪽 경계를 가리키는 곳이어서 지리적으로 매우 중요하다(삿 20:1, 삼상 3:20, 대하 30:5).

오늘날 이곳은 이스라엘의 국립공원으로 지금도 우기가 되면 폭포수같은 물이 단에서부터 솟아나와 요단강으로 흘러 들어간다. 특히 여름철에는 많은 이스라엘 사람들이 이곳에 피서를 오기도한다.

이스라엘
Israel

## 텔 단의 유적지

Ancient ruins of Dan

'단 키부츠'로부터 북쪽으로 약 2km 지점에 있는 고대 가나안인과 북이스라엘의 유적지이다.

## 여로보암의 제단

The Altar of Jeroboam

여로보암이 왕이 되면서 정책적으로 만든 금송아지 제단이다.

Landscape of Don

갈릴리 일대

# 가이사랴 빌립보 Caesarea-philppi

**가이사랴 빌립보 지리안내**

가이사랴 빌립보는 텔 단에서 동쪽으로 약 4km, 갈리리 바다에서는 북쪽으로 약 40km지점의 헬몬산 남쪽 기슭에 있는 해발 340m에 위치한 마을이다.

유다의 왕이 된 헤롯은 곧 그의 후견인 아우구스도 가이사를 기리는 도시를 건설했다. 하나는 지중해변에 지었고 다른 하나는 갈릴리 북쪽 가울란티스에 지었는데 이 도시가 바로 가이사랴 빌립보이다. 훗날 헤롯의 아들 빌립이 이 도시를 통치하면서 도시의 이름이 확정되었다. 전형적인 그리스 로마식의 가이사랴 빌립보에는 그리스와 로마의 신들을 기리는 신전이 많았다. 특히 목양을 관장하는 판(Pan) 신전이 유명했는데 이 신전 뒤에는 물웅덩이가 있었고 여기에 양이나 염소를 제물로 바치면서 그 피가 흩어지는 모양을 보고 그 해 풍요를 점쳤다고 한다. 예수님께서는 제자들과 이 도시에 오셔서 당신의 메시아 되심을 선언하셨고 베드로는 그 유명한 "주는 그리스도시오 살아계신 하나님의 아들"이라는 고백을 했다(마 16:16). 도시 한복판에 요

단강의 근원이 되는 샘이 솟아올라 도시를 관통하여 흘러내렸고 그것은 자연스럽게 도시의 풍광을 유려하게 했다. 도시에서 흘러간 물줄기는 아래에서 바니아스라는 큰 폭포를 이루기도 한다.

01

## 가이사랴 빌립보 신전 터

Temple sight in Caesarea

가이사랴 빌리보 사람들은 매년 양과 염소를 이 신전 연못에 던져 그 해의 풍요를 빌었다.

02

## 바니아스 폭포

Banias Waterfall

가이사랴 빌립보에서 흘러나온 물줄기가 흘러내리는 이스라엘에서 가장 큰 폭포이다.

Landscape of Caesarea-philppi

갈릴리 일대

# 디베랴 Tiberias

디베랴 지리안내

디베랴는 예루살렘 북쪽 약 96km 지점인 갈릴리 호수 동쪽 중간 부분에 위치한 해안 성읍이다.

디베랴의 뜻은 '지키다'이다. 갈릴리 호수 서쪽 연안에 위치한 교통과 군사 도시며, 온천이 발달했던 휴양의 도시이기도 하다. 예수님 당시 갈리리와 베뢰아 지방의 수도이기도 했으며, 헤롯 안디바에 의해 건설되어 로마 황제 디베료의 이름을 따서 디베랴라 명명되었다. 갈릴리 호수의 다른 이름은 '디베랴 바다'이다. 예수님께서는 십자가에 달려 돌아가신 후 부활하시고 이 디베랴 호숫가에서 물고기를 잡던 제자들에게 찾아와 당신의 모습을 보이셨다(요 21:1)

오늘날 이곳은 이스라엘의 대표적인 휴양지로서 역할을 담당하고 있고 이스라엘에서 유명한 다이아몬드 가공 공장도 있다.

갈릴리 일대

# 막달라 Magdalene

막달라 지리안내

막달라는 갈리리 호수 북서쪽, 곧 오늘날 티베리아스로부터 해안을 따라 북서쪽으로 약 5km정도 위치한 키르벳 메즈델이다.

막달라는 바벨론의 탈무드에서는 '믹달눈야' 즉 '절인 물고기의 탑'이라는 뜻을 가지고 있다. 헬라어 명칭으로는 '타리케아'이고 이는'망대'를 뜻한다. 예루살렘 탈무드에서는 '믹달체비야'로 그 뜻은 '염색공들의 탑'이다. 따라사 이 세지명은 서로 같은 이름이거나 혹은 인접한 동네 임을 추측할 수 있다. 신약시대에 이곳은 갈릴리 바다의 항구로써 '절인 물고기', '망대'라는 이름의 뜻처럼 수산업의 중심 도시로 유명했으며, 망대와 요새의 역할도 하였다.

이 곳은 예수님의 신실한 여제자 중 한 사람인 마리아의 출신지이며 그녀의 이름 앞에는 출신지 막달라가 병기되어 있다(마 27:56, 막 15:40, 눅 8:2, 요 19:25). 성경상에는 그 지리적인 배경이나 여건에 대해 기술 된 것이 없다.

갈릴리 일대

# 긴네렛 Kinnereth

**긴네렛 지리안내**

긴네렛은 막달라 마을 북동쪽에 있는 현재 이노프 기노사르의 작은 평야를 말한다.

긴네렛의 뜻은 ' 수금'이다. 하프 모양의 악기에서 그 이름이 유래되었으며 이는 갈릴리 호수의 모습이 하프와 비슷하기 때문이다. 그래서 갈릴리 호수를 긴네렛 호수라고 부르기도 했다. 따라서 긴네렛은 마을과 호수 이름 두 가지로 사용되었다.

고고학적인 증거에 의하면 이곳은 여호수아에 의해 점령되었던 것으로 인정되며, 요세프스의 기록에 의하면 '자연의 꿈이 실현된 곳' 이라 불릴 만큼 이 지역에는 각종 과일들이 풍성하게 열리며 수목들이 울창하고 아름답게 자라나는 곳으로 알려져 있다.

오늘날 이곳에는 키부츠 박물관이 있고 1986년 가뭄 때 발견된 갈릴리 호수를 떠다니던 예수님 당시의 배가 전시되어 있다.

갈릴리 일대

# 고라신 Korazin

**고라신 지리안내**

고라신은 가버나움에서 북쪽 약 3㎞ 지점의 마을에 위치한 성읍이다.

고라신의 뜻은 '나무가 많다'이다. 고라신은 성경 기록에 단 한 번밖에 나오지 않는다. 고라신은 예수님께서 많은 이적을 베푸셨지만 회개하지 않아 벳새다와 가버나움과 함께 예수님의 책망을 받은 곳이다(마11:23). 고라신은 갈리리 바다 옆에 있다. 더불어 가버나움과 벳새다와 매우 가까운 지역에 위치해 있다. 한때 번영했으나 가버나움과 같이 예수님께 저주를 받은 후 폐허가 되었다(마11:21-24). 이곳에는 검은 색 현무암으로 되어있는 건물의 잔해들과 회당 터를 볼 수 있으며 회당 안에는 모세의 자리(마 23:1,2)라고 부르는 돌 의자가 전시되어 있으며 이 돌 의자의 진품은 이스라엘 박물관에 보관되어 있다.

갈릴리 일대

# 가버나움 Capernaum

### 가버나움 지리안내

가버나움은 갈릴리 호수 서쪽 중앙에 있는 티베리아로부터 해안을 따라 북동쪽으로 16km지점에 있다.

가버나움은 '나훔의 동네'라는 뜻의 히브리어 지명이다. 예수님께서 고라신과 마찬가지로 하나님 나라의 복음을 전하시고 많은 이적을 베푸셨지만 회개하지 않아 책망하신 곳 중의 하나다. 예수님께서는 이곳의 회당에서 가르치셨으며(요 6:59), 백부장의 종을 치유하셨고(마 8:5-13), 왕의 신하의 아들을 치유하셨다(요 4:46-54). 특별히 예수님을 찾아온 무리들에게 생명의 떡에 대해 말씀하신 유명한 곳이기도 하다.

가버나움은 사복음서에만 등장하며 중요한 위치에 있어 고고학적인 가치를 가지고 있는 지역 중의 하나이다. 이곳에는 세관, 군대의 초소가 있었고 주후 4-5세기 때의 회당 유적이 남아있다. 회당의 옆에는 베드로의 집터가 있고 그 위에 8각형의 기념교회가 있다. 오늘날 이곳은 입구 앞

에 로마 교황의 방문을 기념하여 교황의 동상이 세워져있으며 발굴된 유적들을 보기위해 많은 순례자들과 관광객들이 찾고 있다.

## 베드로 집터

St. Peter's Church, Capernaum

현재 베드로의 집터에는 베드로 기념교회가 세워져 있다.

## 가버나움 포구

Pier in Capernaum

이 포구 옆에서 마태는 세리로 일했고 예수님은 그를 제자로 부르셨다.

## 가버나움 회당

Capernaum synagogue

규모 20m 길이에 2층 높이로 되어있는 흰색 석회암으로 지어진 회당으로 현재의 것은 2세기 이후 지어진 것이다.

갈릴리 일대

# 벳새다 Bethsaida

**벳새다 지리안내**

벳새다는 갈릴리 호수 북쪽 해안에 소재하며 가버나움 동쪽 약 4km지점에 있으며 고라신과 가버나움과는 삼각의 위치에 있다.

벳새다의 뜻은 '고기잡는 집', '어부의 집'이다. 벳새다는 마을이 있는 텔 벳새다와 예수님께서 오병이어의 기적을 베푼 벳새다 들판이 있다. 벳새다는 예수님께서 자주 다니시면서 복음을 전하고 권능을 했하였다. 그러나 벳새다 사람들의 심령이 완악하여 순종하지 않음으로 예수님께 견책을 받았다. 특히 오병이어의 기적을 벳새다 들판에서 행하셨으며(눅 9:10), 소경의 눈에 침을 발라 안수하여 고친 곳이기도 하다(막 8:22-26). 빌립은 안드레와 베드로와 같이 뱃세다 사람이었다(요 1:44).

오늘날 텔 벳새다는 이스라엘의 국립공원으로 지정되어 있으며 많은 돌들과 함께 발굴된 모습이 남았다.

# 갈릴리 호수 주변지역

Churches in Sea of Galilee

**갈리리 호수 주변 지리안내**

갈릴리는 이스라엘 북쪽에 위치한 둘레길이 약 50킬로미터 정도의 호수이다. 해저 210미터 정도 아래에 위치해 있고 평균 깊이는 약 40미터이다.

갈릴리는 긴네렛, 게네사렛, 디베랴 등 다양한 이름으로 불려왔다. 게네사렛이라는 이름은 특히 호수가 하프 모양이어서 붙여진 이름이다. 납달리와 스불론 같은 지파들이 이 일대를 차지했지만 북이스라엘 이후 주로 이방인들의 땅으로 여겨졌다. 그래서 갈릴리는 구약성서 시대에는 그다지 중요하게 다루어지지 않았다. 그러다 신구약 중간시대에 들어 하스모니아 왕조가 이 일대에 유대인들을 이주시켜 정착하도록 하면서 본격적으로 개발되었다. 호수 오른쪽으로는 갈릴리 산지가 펼쳐져 있으며 왼편으로는 골란고원이 펼쳐져 있다. 호수를 중심으로 오른쪽부터 성서시대로부터 유명한 도시나 마을들이 발달해 있다. 디베랴, 막달라. 긴네렛, 가버나움, 고라신, 벧세다 등이 유명하다. 지금도 호수 주변에는 기독교 성지들이 즐비하며 특히 기독교 순례객들을 위한 기념교회들이 많이 세워져 있다.

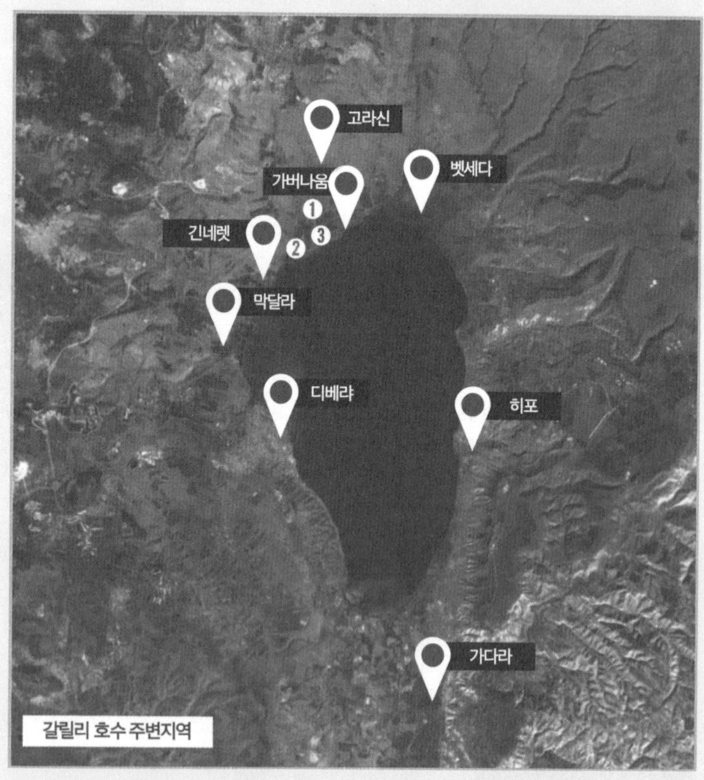

갈릴리 호수 주변지역

❶ 팔복교회 ❷오병이어교회 ❸베드로수위권교회

# 갈릴리 호수 주변교회
churches around the Sea of Galilee

## ❶ 팔복교회
Church of the Beatitude

예수님께서 이곳 언덕 위에서 '산 위에서의 가르침' 즉, 산상수훈을 설교하셨다. 주후 4세기 경 비잔틴 시대 처음 교회를 세웠으나, 주후 614년 이슬람이 이 일대를 점령하면서 파괴되었다. 현재 우리가 보는 팔복교회는 1939년 프란체스코회 수녀회가 이탈리아 독재자 무솔리니의 지원을 받아 세운 것이다. 현재도 교회는 프란체스코회 수녀회가 관리하고 있다. 이탈리아의 유명한 건축가 안토니오 바를루치가 설계했고 건축에 참여했다. 교회의 지붕은 여덟 가지 복을 상징하여 팔각형 구조로 되어 있으며, 내부의 여덟 개의 유리창에 라틴어로 팔복의 내용이 하나씩 기록되어 있다. 교회 앞뜰의 포석에는 믿음, 자비, 인내, 정의, 사려, 자제를 상징하는 6개 상징이 새겨져 있다.

## ❷ 오병이어교회
Church of the Multiplication

팔복교회가 있는 언덕 바로 아래 타브가라는 곳에는 예수님께서 보리떡 다섯 개와 물고기 두 마리로 오천 명을 먹이셨다는 장소가 남아 있고 그 곳에 교회가 세워져 있다. 오병이어 교회이다. 붉은 벽돌지붕의 스페인 양식으로 지어져 있다. 예수님께서 물고기 두 마리와 보리떡 다섯 개를 돌 위에 놓으시고 축사하셨다는 장소를 제단으로 삼아 교회가 지어졌다. 처음 교회가 지어진 이래 세 번에 걸쳐 증축되었다. 현재 교회는 1936년에 베네딕트수도원이 지어지면서 수도원 교회가 되었으며, 내부에는 물고기와 빵을 그린 5세기의 모자이크가 남아 있다.

## ❸ 베드로수위권교회
The Church of the Primacy of Peter

오병이어교회로부터 가버나움 방향으로 조금 떨어진 곳에 세워진 교회이다. 예수님께서 배신한 베드로를 받아들이시고 다시 그에게 교회의 사명을 맡기셨다는 곳에 세워져 있다. 요한복음 21장의 이야기를 기반으로 한다. 원래 교회는 주후 4세기에 세워졌었다. 그러나 1263년 이슬람 통치기에 파괴되어 약 700년간 폐허로 방치되었다가 1933년 프란체스코 수도회에 의해 임시 교회가 세워졌고 1982년에 현재 모습의 교회로 새로 건축되었다. 검은 현무암 벽돌로 지어진 성당 내부에는 '그리스도의 식탁'으로 불리며 예수가 제자들과 식사를 한 바위로 여겨지는 큰 바위가 보존되어 있다. 교회 바깥에는 갈릴리 해변이 바로 연결되어 있는데 거기 해변가에서 예수님께서는 베드로를 받아들이시고 교회의 지도자로 세우셨다.

요단계곡과 사해 일대

# 벧산 Bethshan

**벧산 지리안내**

벧산은 요단강 서쪽 5km, 갈릴리 호수 남쪽 25km 지점에 있다.

벧산은 여호수아 때 이스라엘에게 점령되어 므낫세 지파의 지역으로 할당되었으나 철병거를 가진(수 17:16) 이곳 거민들을 쫓아내지 못했다(삿 1:7). 사울 왕 때에는 블레셋이 점령하고 사울의 시체와 그의 아들들의 시체를 벧산 성벽에 못 박았다(삼상 31:10-12).

벧산에서는 많은 유물들이 발견되었다. 벧산의 신인 메칼에게 헌증된 현판을 포함한 다양한 이집트의 비명들이 발견되었고 블레셋의 존재를 증명해주는 석관도 발견되었다. 또한 이 곳에서는 로마의 야외극장, 아고라 터 등 헬라와 로마의 유적이 포함되어 있다. 이러한 발굴의 결과는 벧산의 주인이 여러번 바뀌었고, 이에 따른 쟁탈전이 많이 일어났다는 것을 쉽게 알 수 있다.

요단계곡과 사해 일대

# 길보아산 Mt. Gilboa

**길보아산 지리안내**

길보아 산은 요단강 서편, 사마리아 산지 북쪽 끝, 갈릴리 산지 시작점에 위치해 있다. 벧산에서 서쪽으로 약 10km 가량 떨어져 있다.

길보아산은 동편으로 요단 계곡이 펼쳐져 있고 서편으로 이스르엘 골짜기를 지나 이스르엘 평원이 펼쳐지는 곳에 위치해 있다. 길보아는 솟아오르는 산(Ha hargilboa)라는 의미를 갖고 있다. 산 여기저기서 샘이 솟아오르는 것 때문으로 보인다. 해안지대 샤론 평야를 넘어 요단 계곡과 요단 동편으로 가기 위해서는 이곳을 통과해야 하기 때문에 고대로부터 군사 및 정치적인 이동이 잦았다. 성경에서 길보아 산은 사울이 블레셋과 싸우다 전사한 곳으로 유명하다(사상 28:4). 사울은 여기서 크게 패해서 스스로 목숨을 끊었으며 아들, 요나단, 아비나답, 그리고 멜기수아 등도 여기서 죽었다(삼상 31;1~4).

요단계곡과 사해 일대

# 여리고 Jericho

**여리고 지리안내**

여리고는 예루살렘에서 동쪽으로 35km, 사해 북쪽 끝에서 9km 되는 곳이며, 요단강 서쪽 유대 산악지대로 오르는 8km지점에 있다.

'종려나무 성읍'으로도 불리는(신 34:3, 삿 3:13) 여리고는 여전히 종려나무가 많은 곳이다. 여리고는 물이 풍푸하여 종려나무가 풍성하게 자라 그렇게 이름붙여졌다. 엘리사는 승천한 엘리야를 만나기 위해 여리고를 방문했고(왕상 2:4-5), 후에 여리고의 물 근원을 고치는 기적을 행했다. 여리고는 구약과 신약의 시대를 막론하고 많은 성경의 역사를 가진 곳이다. 이스라엘이 가나안 땅에 들어와 최초로 정복한 도시이다(수 6:2; 10:30). 정복된 후 베냐민 자손들에게 분배되었다(수 18:21). 남유다 왕국의 마지막 왕 시드기야는 도주하다가 여리고 평지에서 갈대아 군사에게 포로가 되었다(왕하 25:5).

예수님은 예루살렘으로 올라가는 길에 여러번 이곳을 지났다. 특히 삭개오를 만난 곳으로 여리고 지역에 삭개오

의 돌 무화과나무를 만날 수 있는 곳이기도하다. 예수님께서 말씀하신 선한 사마리아 인의 비유의 무대이다(눅 10:30).

## 엘리사의 샘

Elisha spring in Jericho

곡식들이 병이 들자 엘리사가 지하수 수원지에 소금을 뿌려 물을 고쳤다(왕하 2:19-22)

## 삭개오의 돌무화과나무

Zacchaeus' sycamore fig in Jericho

여리고 시내에는 삭개오가 올랐다고 전해지는 돌무화과나무가 있다.

## 시험산

Mt. of the Temptation

예수님께서 시험을 받은 산이며 지금은 그리스 정교회에서 관리한다.

## 여리고성 유적지

City ruins of Jericho

여호수아에게 파괴된 후 그대로 남은 여리고성 유적이다.

# 예수님 세례터

Baptismal Site of Jesus

**예수님의 세례터 지리안내**

여리고 남동쪽 요단강 남쪽 끝단에 위치해 있으며 요르단의 예수님 세례터와 장소를 공유한다.

예수님의 세례터는 현지 말로 '카세르 알 예후드(Qsar Al Yehud)'라고 불린다. 말하자면 예수님이 세례 받으신 곳이라는 뜻이다. 예수님의 원 세례터는 요단강 건너 요르단 영토에 있다. 예수님 시대에 베다니라고 불리는 곳이다. 세례요한은 유대인들로 하여금 요단강을 건너 베다니로 오게 한 뒤 거기서 세례를 받고 요단강을 건너 새로운 이스라엘로서 약속의 땅으로 들어가도록 했다. 예수님께서도 베다니로 가셔서 이 세례에 참여하셨다. 현재 이스라엘 쪽에 개방된 세례터는 이스라엘 쪽에서 오는 순례자들을 위해 이스라엘 정부가 2011년에 새로 조성하고 개장했다. 요르단과의 사이에 비무장지대에 위치해 있기 때문에 정해진 시간에만 방문할 수 있다.

요단계곡과 사해 일대

# 쿰란 Qumran

쿰란 지리안내

사해 북단에서 5km 남쪽지역의 서쪽 언덕에 위치해 있다.

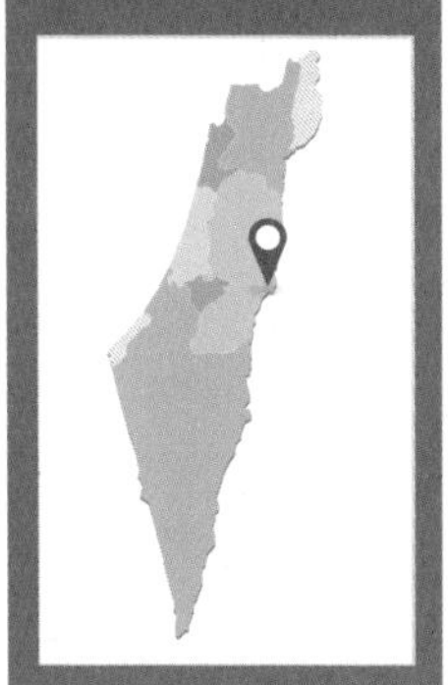

쿰란은 1947년까지 알려지지 않았다가 갑자기 세상에 나타난 고대 유적이다. 예수님 시대보다 조금 앞서 시대에 예루살렘의 타락상에 염증을 느낀 일단의 유대인들이 이곳 한적한 곳에 와서 자기들만의 종교 공동체를 세웠다. 그들은 거기서 메시아를 기다리며 성경을 필사하고 묵상하고 또 공부하며 공동체 생활을 했다. 이 사람들이 남긴 성경필사본이 주변 동굴에서 많이 발견되었는데 쿰란사본 혹은 사해사본이라고 부르는 것들이다. 이들은 또한 공동체 생활과 정결한 영적 생활로 유명했는데 세례요한 역시 이들에게 영향을 받은 것으로 보인다.

요단계곡과 사해 일대

# 엔게디 Engedi

**엔게디 지리안내**

엔게디는 쿰란 남쪽을 35km 지점, 마사다 북쪽 10km 지점에 위치한다.

엔게디는 유다지파에게 분배된 성읍이다. 성경에서 엔게디는 다윗이 사울을 피할 때 피신했던 곳이다(수 15:62, 삼상 23:29). 사울은 이곳에서 자다가 오히려 다윗에게 살해당할 처지에 있었다. 다윗은 엔게디에서 사울을 죽일 수도 있었으나 사울이 하나님의 기름 부음을 받았기에 죽이지 않았다(삼상 24:1-7).

엔게디는 비옥한 땅을 가지고 있어 포도원과 고벨화가 유명한 지역이었다(아1:14). 엔게디는 유대광야의 동편에 있으며 사해와 연결된 황량한 지역이지만 엔게디 샘, 다윗 샘, 슐라밋 샘, 루고트 샘이라는 네 개의 샘이 물을 일정하게 공급하는 지역이다.

오늘날 엔게디는 사해 주변의 좋은 휴양지의 하나로 자리 잡았다. 다양한 식물과 야생 염소와 동물들의 서식처이다.

요단계곡과 사해 일대

# 마사다 Masada

마사다 지리안내

마사다는 사해 서편 해발 450m의 높이의 언덕 위에 있다.

성경에서 사울왕을 피해 도망다니던 다윗과 600명의 사람들이 그일라를 떠나 돌아다니던 곳을 성경은 '광야의 요새'로 부르는데(삼상 23:14) 이곳을 마사다로 추정하기도 한다. 마사다는 '요새'라는 뜻을 가지고 있다. 이곳은 요단 동편과 사해 일대와 동편의 광야도 볼 수 있는 천혜의 요새지이다. 헤롯왕이 주전 43년에 이곳을 차지했고 주전 35년에 호화로운 궁전과 강력한 요새를 건설했다. 정상에는 성벽과 망대, 식량저장소, 저수조, 목욕탕이 있는 요새였다. 이곳은 주후 70년의 로마군의 예루살렘 점령 후에 마지막으로 3년간 저항했던 최후의 보루였다. 마사다에서 저항하던 유대인들은 함락 직전에 960명이 스스로 목숨을 끊었다.

남부 네게브 지역

# 브엘세바 Beersheba

**브엘세바 지리안내**

예루살렘 남서쪽 약 85km 지점, 헤브론 남서쪽 45km 지점으로 네겝지역에 있는 옛 이스라엘의 최남단 도시이다.

브엘세바는 창세기 21장 31절에 '맹세의 샘'이라고 불린다. 실제로 이 지역은 주위의 지역과 달리 우물이 많아 예로부터 사람들이 많이 정착했다. 브엘세바를 중심으로 성서의 많은 이야기들이 펼쳐진다. 이삭이 아브라함과 마찬가지로 이곳에 우물을 팠고 자손 번성에 대한 약속을 받으며(창26). 야곱이 애굽으로 내려가던 중 이곳에서 제단을 쌓았다(창46:3). 특별히 브엘세바는 하나님이 여러번 나타난 곳으로 엘리야가 이세벨 왕후의 낯을 피해 시내산으로 도망하던 중 이곳에 잠시 머물러 죽기를 구했는데 그때 하나님께서 나타나셨던 곳이다(왕상 19:3).

오늘날 텔 브엘세바의 서쪽으로 약 4.5km떨어진 곳에는 아브라함의 우물과 이삭의 우물이라는 고대 우물이 있다.

남부 네게브 지역

# 에시온 게벨 Ezion Geber

**에시온 게벨 지리안내**

에시온 게벨은 현재 엘랏에서 서북쪽 약 3km지점에 위치하고 있다.

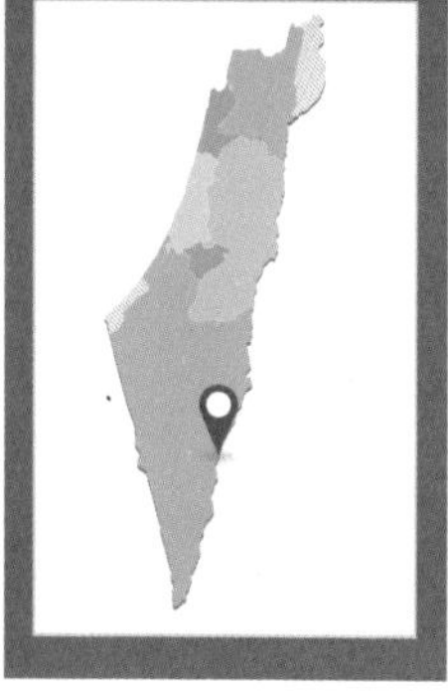

에시온 게벨은 출애굽한 이스라엘 백성들이 진을 친 곳이다(민 33:35-36), 출애굽 한 후 이스라엘 백성들이 진을 칠때만해도 이곳은 보잘 것 없는 진흙 막사들이 있었을 뿐이다. 그러다가 다윗 때 이스라엘이 이곳을 점령했고 솔로몬 때 비로소 도시로 건설되어 발전하였다. 솔로몬은 이 도시에 금과 은, 백단목, 상아, 원숭이 등을 수입했던 항구로 발전시켰다. 솔로몬을 방문한 스바 여왕이 예루살렘으로 들어왔을 때 에시온 게벨의 항구를 통해 들어왔음이 틀림없다(왕상 10:1-13). 이스라엘의 왕국 분열 이후 에시온 게벨은 남유다에 속했으나 주전 925년 애굽 시삭의 공격 때 멸망했다. 이후 재건 되어 산업의 중심지로 번창하였다.

# 요르단

Jordan

압복강 이북지역

# 가다라 Gadara

**가다라 지리안내**

요르단의 수도 암만으로부터 110킬로미터 북쪽에 위치해 있으며 얍복강 바로 아래 해발 378미터 산위에 있다.

예수님 시절 가다라는 데가볼리 지경 열 개 도시 가운데 하나였다. 알렉산더 이후 지역 패권을 놓고 다툼하던 셀류시드 제국이나 프톨레미 제국의 통치자들 모두 이 도시를 중요하게 여겼으며 훗날 유다 하스모니아의 알렉산더 얀네우스에 의해 점령되어 유대인들에게 넘어갔다가 다시 폼페이우스에 의해 로마의 영토로 편입되었다. 신약 성경 공관복음서에서 예수님께서는 갈리리 호수를 건너 데가볼리 거라사에 오셨다. 그리고 '군대'라는 귀신에 들린 사람을 고치시고 그에게 들어있던 귀신들을 돼지떼로 보내셔서 돼지들이 갈릴리 호수로 들어가 죽임을 당하는 이야기가 등장한다(막 5:1~20, 마 8:28~34, 눅 8:26~29). 성경은 이 때 예수님께서 방문하신 곳이 거라사(Gerasa) 혹은 가다라(Gadara)라고 언급하고 있는데, 아마도 갈릴리 호수 건너

있던 이 가다라를 방문한 것으로 보인다. 혹자는 예수님께서 가다라보다 아래쪽에 위치한 제라시(Jerash)를 방문하신 것으로 말하기도 한다.

## 포세이돈 신전터
Umm Qais

가다라의 헬라인들이 주로 섬기던 신은 바다의 신 포세이돈이었다.

## 가다라 도시 유적
City ruins

헬라식으로 지어진 가다라는 유대인들이나 헬라인 모두가 상업적으로 이용하던 도시였다.

Landscape of Gadara

압복강 이북지역

# 펠라 Pella

### 펠라 지리안내

펠라는 갈릴리로부터 요단강이 흘러내려오는 지점의 동쪽 갈릴리호수로부터 남동쪽으로 24킬로미터 쯤 떨어진 곳에 위치한 고대 데가볼리의 도시 가운데 하나였다.

펠라는 알렉산더가 동방 원정을 하던 중 탄생했다. 이후 데가볼리의 주요 도시로 번성하다가 유다 하스모니아의 알렉산더 얀네우스에 의해 주전 83년 경 정복과 파괴를 경험했다. 그러나 로마의 폼페이우스가 데가볼리를 재건할 때 멋지게 되살아났다. 펠라는 이후 로마와 폼페이우스에 대한 찬양으로 주전 64년을 도시의 새로운 원년으로 삼았다. 이후 도시는 데가볼리의 주요 도시로 발전했으며 주후 70년 예루살렘이 로마에게 멸망할 때 일단의 그리스도인들이 이 도시로 피신해 왔고 도시에서 기독교 신앙은 크게 융성했다. 비잔틴 시대에도 교회는 크게 번영했으며 주후 7세기 무슬림들에 의해 정복당할 때까지 도시는 온전히 요단 동편 기독교 신앙의 핵심지로 있었다. 현재 유적지로만 남은 펠라는 주후 791년 지진으로 파괴되었고 이후 폐허로 남았다.

얍복강 이북지역

# 길르앗 라못 Gilead-Ramoth

**길르앗 라못 지리안내**

야르묵강 상류에 위치한 길르앗 라못은 데가볼리의 유명한 도시 가운데 하나였던 제라시(Jerash)에서 서쪽으로 약 8킬로미터 떨어진 곳에 위치해 있었다.

길르앗 라못은 이스라엘 백성이 가나안에 입성할 때 갓 지파에게 분배되었다가 후에 레위인들의 도시에 포함되어 도피성이 되었다(신 4:43). 솔로몬 시대에 이르러 주요 행정 구역 중심지 가운데 하나가 되었으며(왕상 4:13), 북이스라엘 시대에 이르러 다메섹의 아람과 치열하게 격전을 치렀던 대표적인 군사요충지였다. 남유다의 여호사밧과 동맹을 맺은 아합이 이곳에서 아람과 전투를 벌이다 전사했다(왕상 22:29,37). 아합의 아들 요람 역시 이곳에서 아람의 군대에 의해 부상을 당했다(왕상 8:28~29; 9:14). 엘리사는 자기 제자 중 한 명을 길르앗 라못으로 보내 예후에게 기름을 부어 북이스라엘의 왕이 되게 했다(왕하 9:1~6). 포로기 이후 더 이상 성경에서 중요한 지명으로 남지 못했고 예수님 시대에 이르러 데가볼리 지경에 포함되어 사라지고 말았다.

압복강 이북지역

# 제라시 Jerash

**제라시 지리안내**

압복강 바로 위쪽에 위치해 있으며, 암만으로부터 북쪽으로 약 48킬로미터 떨어진 곳에 위치해 있다. 요르단에서 페트라와 더불어 가장 인기 있는 관광도시이다.

제라시는 예수님 시대 데가볼리 지경의 열 개 도시 가운데 하나였으며 그리스와 로마식으로 잘 정비된 유적이 지금까지 남아 있는 것으로 유명하다. 석기시대부터 이곳에 사람이 살았다는 흔적이 남아 있으며 구약성경 시대에는 전혀 알려져 있지 않다가 신구약 중간기 헬라 사람들과 로마 사람들에 의해 큰 도시로 발전하게 된다. 오래전부터 유명했던 무역로인 '왕의 대로' 상에 위치했기 때문에 유대 하스모니아 시절 이전부터 셀류시드나 프톨레미 제국에 의해 주요 상업도시로 활용되었다. 예수님 시대에 이르러 로마는 이 도시를 포함해 주변 열 개 헬라식 도시를 엮어서 데가볼리라는 별도 행정구역으로 구분했다. 주후 129년과 30년 사이 로마 황제 하드리안이 예루살렘을 파괴하고 팔레스틴과 메소포타미아 일대를 정리한 뒤 이곳

을 방문하여 개선문을 세웠다. 주후 350년 경부터 기독교인들이 교회를 세운 흔적이 있고, 이후 동로마 제국 시절 이곳에는 큰 교회들이 세워지고 발전했다. 12세기 십자군 원정 기간 동안에도 주요한 전략 도시로 남았다.

## 로마식 열주도로

Roman cardo in Jerash

제라시에는 로마식의 열주도로가 그대로 남아있다. 그 중앙에는 원형의 거대한 아고라가 남아 있다.

## 마차 경주장

The hippodrome

로마인들은 자기들이 세우는 모든 도시에 이 마차경주장을 건설했다. 사진은 히포드롬이라고 부르는 제라시의 마차 경주장이다.

## 제우스신전

The temple of Zeus

제라시가 한눈에 보이는 언덕에 지어진 제우스 신전의 유적이다. 제라시 사람들은 헬라의 주신인 제우스에 대한 경외감이 대단했다.

## 아르테미스 신전

Enriched mouldings on the Temple of Artemis

아르테미스는 달의 여신이기도 하고 사냥의 신이기도 하지만 헬라 사람들과 더불어 근동의 사람들이 좋아하던 여신이었다.

05

## 님프 신전

The Jerash nymphaeum

신전 중앙으로부터 물이 솟아올라 아래로 흐르고 그 사이 계단을 올라서는 님프 신전은 관광객을 놀라게 한다.

06

## 하드리아누스 개선문

Arch of Hadrian

하드리아황제는 시리아와 팔레스타인 문제를 해결하고 이곳 제라시에 와서 제국 동방의 방어선 정리를 완성했다. 그리고 자신의 공적을 치하하며 개선문을 세웠다.

Landscape of Jerash

얍복강 이북지역

# 디셉 Tishbite/Tishbe

**디셉 지리안내**

야르묵강 바로 아래 현재의 아즐룬와 경계면을 이룬 곳에 텔 마르 엘리아스(Tell Mar Elias)라고 불리는 작은 유적지가 있다. 학자들은 이곳이 역사적으로 리스티브(Listib) 혹은 티시베 즉 디셉이라고 불리는 곳이라고 본다.

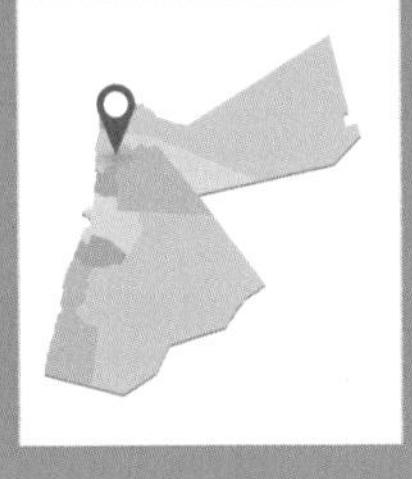

디셉은 구약성경 마하나임과 매우 인접한 곳에 위치해 있다. 엘리야는 이 한적하고 알려지지 않은 곳 출신으로 하나님의 부르심을 받았다(왕상 17:1). 엘리야는 이 마을의 정착민은 아니었던 것 같다. 그는 이 마을에 어떤 목적으로 잠시 머물던 사람이었는데 성경학자들에 의하면 그와 가족들은 이스라엘 내 여러 곳을 다니며 철을 다루는 일로 생계를 이었을 것으로 보고 있다. 말하자면 엘리야는 이 마을에서 대장장이로 있었던 셈이다. 엘리야가 차지하고 있는 중요성에 비추어 비잔틴 시대 사람들은 이곳에 두 개의 교회를 세웠다. 이곳에서 발굴된 대리석 조각들과 기독교를 상징하는 유물들은 근처 아즐룬 성채의 박물관에 전시되어 있다. 사람들은 교회 유적지 위에 현재 자라고 있는 상수리나무들이 모두 엘리야의 신앙정신을 품고 있다고 말한다.

얍복강 이북지역

# 마하나임 Mahaneim

### 마하나임 지리안내

요르단 암만에서 얍복강 계곡을 따라 북서쪽 35km 정도 떨어진 곳에 툴룰 아드 드하합(Tulul adh-Dhahab)이라는 고대인들의 생활터를 성경의 마하나임이라고 말한다.

마하나임은 '두 진영' 혹은 '하나님의 군대'라는 뜻이다. 야곱이 도피생활을 마치고 가나안으로 돌아오던 중 하나님의 군대를 만난 것에서 명칭이 유래한다(창 32:2). 이곳은 므낫세와 각 지파 사이 경계면이었으며 훗날 길르앗 라못과 함께 레위인의 성이 되었다(수 21:38, 대상 6:80). 사울과 요나단이 죽은 후 이스보셋이 이곳에서 왕이 되어 임시 수도가 되기도 했으며(삼하 2:8), 다윗은 압살롬의 반란을 피해 이곳으로 피신하기도 했다(삼하 17:24;27~29;19:32). 솔로몬 때는 주요 행정 도시 중 하나가 되었다(왕상 4:14). 연구자들에 의하면 마하나임은 애굽왕 시삭이 남 유다를 침략했을 때 정복당한 도시 가운데 하나였다. 그 이후 도시는 그대로 방치되어 버려진 채로 있다가 제2 성전기에 다시 복구되었다가 헤롯이 본격적으로 개발한 것으로 보인다.

얍복강 이북지역

# 숙곳 Succoth

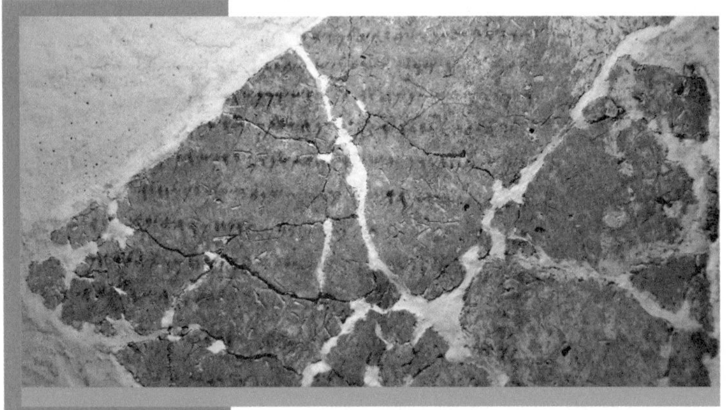

**숙곳 지리안내**

숙곳은 요단강과 얍복강이 만나는 지점에 있는 작은 마을이다. 현재는 요르단 발카르 주에 있는 요단강 인접 도시 데이르 알라(Deir Alla)로 불린다.

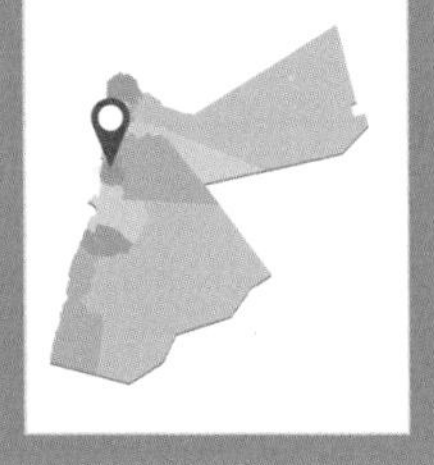

야곱이 삼촌 라반의 집에서 가나안으로 돌아올 때 숙곳에서 집과 외양간을 짓고 살며 한 동안 거주했다. 아마도 형에서의 동태를 살피고자 했을 것이다. 성경에서도 동일하게 요단 동편 사르단 근처 얍복강과 요단강이 만나는 지점이라고 명시한다(창 33:17). 이 지역은 훗날 갓지파에게 분배되며 사사 기드온은 미디안과의 전투에서 자기를 돕지 않은 숙곳 사람들을 심하게 보복했다(삿 8:4~16). 일단 예루살렘 탈무드는 오늘날의 데이르 알라로 불리는 '다르 알라(Dar'ala)'가 바로 숙곳이라고 말한다. 무엇보다 이곳 데이르 알라에서 페르시아 시절 유적이 발견되었는데 거기에 브올의 아들 발람이라고 적힌 벽문이 발견되었다. 그래서 사람들은 성경의 숙곳과 브돌이 근처이거나 동일한 곳이라고 보고 있다.

얍복강에서 아르논강 지역

# 암만/랍바/빌라델비아 Amman/Rabbah/Philadelphia

**암만 지리안내**

암몬, 랍바 혹은 빌라델비아는 현재 요르단 왕국의 수도인 암만의 옛 이름들이다. 요단강 동편 얍복강 상류에 위치해 있다. 암몬은 오래전부터 요단 동편의 주요 도시 가운데 하나였으며 주로 암몬인들의 수도 역할을 해왔다. 현재 암만은 요르단의 정치, 경제, 문화 및 역사를 아우르는 가장 큰 도시이며 요르단 왕국의 왕궁을 비롯한 핵심적인 시설들이 위치해 있다.

암만은 오래전부터 라밧 암몬(Rabbath Ammon)이라고 불렸는데 이것은 왕의 도시 암몬이라는 뜻이다. 출애굽 시절부터 도시는 암몬 사람들의 수도 역할을 해 왔는데, 이것은 도시 주변에 석회암과 대리석 등을 구할 수 있는 산지와 농산물을 수확할 수 있는 평지가 잘 분포되어 있었기 때문이다. 무엇보다 도시는 고대의 무역로인 '왕의 대로(King's Highway)' 곁에 놓여 있어서 상업적으로도 많은 이득을 누렸다. 암만은 도시 중앙에 천혜의 요새를 품고 있어서 군사적으로도 요충지로 여겨졌으며 많은 전쟁들이 이 도시를 중심으로 발생했다. 도시는 암몬이 왕국이 되어 다

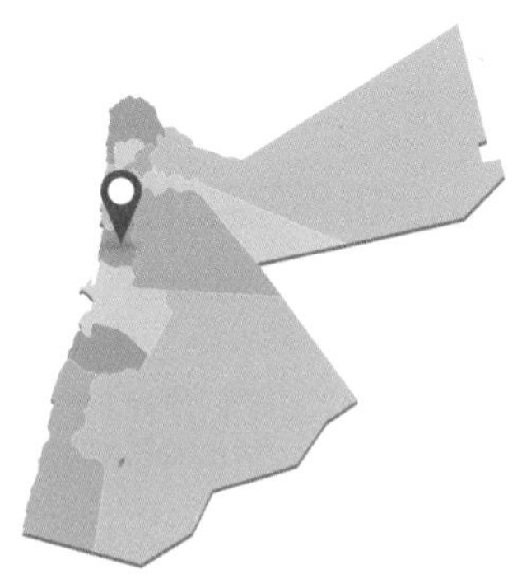

윗 및 이스라엘과 경쟁할 때 랍바로 불렸으며 훗날 제2 성전기 시절에 이르러 프톨레미 제국의 프톨레미 4세 필라델푸스가 데가볼리의 하나로 도시를 재건하면서 빌라델비아(Philadelphia)로 불리게 되었다.

성경에서 암만은 랍바로 등장하는데 '위대한 자'로 알려져 있다. 요단 동편을 차지한 갓 지파의 동편에 위치하면서 갓지파와 경계를 마주하게 되었으며(수 13:25), 다윗 시대에 이르러 점령당해 다윗의 통치 영역 안으로 들어오게 되었다(삼하 11~12장). 그러나 도시는 얼마지나지 않아 다시 암몬 사람들의 손에 넘어갔다. 압살롬이 반란을 일으켰을 때 다윗은 마하나임으로 왔는데 이 때 랍바의 왕으로부터 예물을 받았다(삼하 17:27).

## 암만 시타델

Amman Citadel

암몬 사람들은 자기들 도시 높은 곳에 성채를 지었다. 이 성채는 암몬 시대이후 헬라시대와 비잔틴시대에도 중요한 요새가 되었다.

## 헤라클레스 신전

The temple of Hercules

예수님 시대 빌라델비아 사람들은 헤라클레스의 힘을 숭상했고 그들의 시타델에 헤라클레스 신전을 지어바쳤다.

## 우마야드 왕궁

Umayyad Palace

마호멧이 죽은 후 새롭게 등장한 이슬람 우마야드 왕조의 왕궁 가운데 하나가 이곳 시타델에 세워졌다.

## 로마 원형경기장

Roman Amphitheatre

헬라와 로마시대를 거치면서 빌라델비아에는 많은 로마인들이 거주했다. 그들이 거주하는 곳에는 언제나 극장과 같은 시설이 갖춰졌다.

Landscape of Ammon

압복강에서 아르논강 지역

# 느보산 Mt. Nebo

**느보산 지리안내**

사해 북동편, 요르단 계곡을 바로 마주한 곳에 위치한 아바림 산지의 한 봉우리이다. 해발 710m 정도이다.

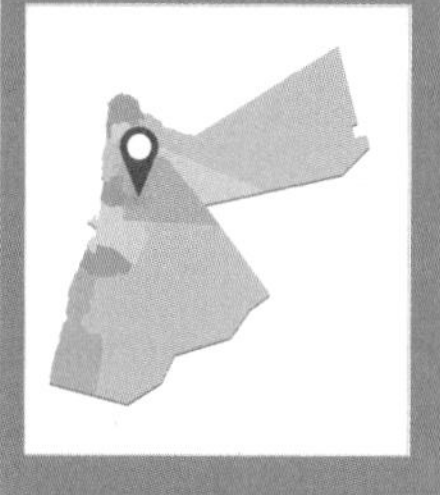

느보산은 모세가 인생의 마지막 시간을 보낸 곳으로 알려져 있다. 그는 이스라엘 백성과 더불어 요단강을 건너지 못하고 여기서 죽은 후 장사되었다. 성경 기록에 의하면 모세는 이곳에 있다가 죽은 후 벳브올 맞은 편 골짜기 근처에 장사되었으나 그의 무덤을 아는 사람은 없다(신 34:6). 비잔틴 시대 사람들은 주후 4세기 경 모세를 기념하여 이 산에 바실리카 양식의 교회를 세웠으며 지금도 교회에는 그 때의 모자이크 흔적들이 남아 있다. 지금 이 산에서 가장 유명한 것은 이탈리아의 예술가 지오반니 판토니의 '청동불뱀상'이다. 민수기 21장에 등장하는 불뱀 사건을 기억하며 만든 것인데 모세가 앉아 있었다고 여겨지는 장소 즉, 모세 기념교회의 마당에 세워져 있다.

압복강에서 아르논강 지역

# 베다니 / 베다바라 Bethany / Bethabara

베다니 지리안내

베다니는 예루살렘 동편 감람산 자락에 있던 마을과 동명의 장소로서 요단강 동편 옛 모압 평지로 불리던 지역에 있던 외딴 지역의 이름이다.

베다니는 세례요한이 당대의 유대인들을 이끌어 내어 요단강물로 세례를 받도록 하던 곳이었다. 요한은 유대인들을 일단 강 건너 요단 동편으로 이끌어 낸 뒤 회개하도록 하고 다시 요단강을 건너 하나님의 약속하신 땅으로 들어가도록 하는 방식으로 사역했다(요 1:28). 요한은 이곳에서 약대털 옷을 입고서 메뚜기와 석청을 먹으며 하나님 나라의 도래를 선포했다(마 3:4). 예수님께서도 사역을 시작하기 전 이 곳에 와서 요한에게 세례를 받았다(눅 3:21~22, 막 1:9~11, 마 3:13~17). 이곳은 또한 엘리야가 승천한 곳으로도 알려져 있는데, 엘리야는 제자 엘리사와 더불어 이곳에 와서 회오리바람을 타고 하늘로 승천했다(왕하 2:11). 초대교회 이후 이곳은 엘리야와 세례요한 그리고 예 수님의 세례로 이름을 알리기 시작했다. 비잔틴 시대에 이르러 이곳

에는 여러 교회들이 세워졌고 순례자들의 주요 방문지가 되었다. 순례자들 가운데 일부는 이곳에 남아 수도생활을 이어갔다. 한편 베다니라는 명칭은 킹제임스역 성경 요한복음 1장 28절에 베다바라로 기록되어 있기도 하다. 지금 알 마그타스에는 엘리야 승천교회와 예수님의 세례터, 세례요한의 사역지 및 비잔틴 시대 수도사들의 은거지들이 남아 있다.

## 세례요한의 사역지

Bethany

베다니는 세례요한이 거주하며 사역하던 곳이다. 이곳에서 세례요한은 약대털 옷을 입고 메뚜기와 석청을 먹으며 예수님의 길을 예비했다.

## 세례요한기념교회

Church of Saint John the Baptist

베다니에는 세례요한을 기념하는 그리스 정교회가 있다. 교회 안에는 역시 이곳에서 하늘로 올라간 엘리야를 기념하는 그림이 남아 있다.

## 예수님 세례터

Yardenit

실제 예수님의 세례터라고 불리는 곳이다. 요단강이 가물면 물이 말라 버린다.

압복강에서 아르논강 지역

# 메드바 Medaba

**메드바 지리안내**

요르단 메다바 주의 주 도시로 인구가 약 60만 명 정도 되는 꽤 규모있는 도회지이다. 수도 암만으로부터는 남서쪽으로 30킬로미터 쯤 떨어져 있다.

메드바는 민수기 21장 30절과 여호수아서 13장 9절에 등장한다. 이후 로마의 트라얀 황제 시대에 이르러 아라비아 속주가 만들어질 때부터 도시로서의 기능을 시작했다. 트라얀 황제는 이 도시를 남부의 유명한 페트라 대신 아라비아 속주의 핵심 도시로 발전시켰다. 이후 도시에는 기독교인들이 많이 정착했고 비잔틴 시대에 이르러서는 교회도 많이 세워졌다. 그 가운데 한 곳 바닥에 유명한 모자이크로 된 성지 안내 지도가 남아 있다. 지도는 주후 6세기경에 제작되었는데, 약 2백만 개의 강렬한 자연색을 가진 돌들로 만들어졌으며, 예루살렘을 비롯한 팔레스타인 일대의 성지들이 자세하게 표시되어 있다. 특히 베다니를 킹제임스역처럼 베다바라로 기록하고 있다. 현재 남아 있는 지도는 19세기 말에 세워진 그리스 정교회의 성 조지 교회의 예배실 바닥에 간직되어 있다.

압복강에서 아르논강 지역

# 마케루스 Machaerus

**마케루스 지리안내**

마케루스는 요단강 동남편, 사해 북동편 약 20킬로미터 떨어진 곳에 위치해 있다.

마케루스는 헤롯을 이은 아들 헤롯 안티파스와 그의 뒤를 이은 헤롯 아그립바 1세까지 왕가의 별궁으로 자주 활용되었다. 이후에는 로마의 요새로 활용되다가 유다전쟁 시기 유대인 저항군의 요새로 활용되기도 했다. 마케루스가 유명한 것은 아무래도 세례요한 때문일 것이다. 세례요한은 요단강 일대에서 사역하다가 안티파스가 동생의 부인과 결혼한 것을 비판하여 이곳으로 끌려와 여기서 목베임을 당해 죽었다(마14:6-12, 막6:17-28). 마케루스는 군사적인 기능을 기본적으로 갖춘 것은 물론 다른 헤롯의 별궁들과 마찬가지로 물저장 시설 역시 잘 구성되어 있었다. 무엇보다 마케루스에는 국가 정무와 휴식이 모두 가능하도록 하는 각종 시설들이 구비되어 있었다. 특히 로마식의 목욕탕도 갖추어져 있었다.

얍복강에서 아르논강 지역

# 케라크/길하레셋 Kerak/Kir Harresett

**케라크 지리안내**

케라크는 사해 동쪽 18㎞ 지점 해발 915m 높이에 지어진 요새화된 성읍이다.

케라크는 고대 무역로인 '왕의 대로'상에 위치해 있어서 오래전부터 군사적으로나 경제적으로 중요한 도시로 여겨졌다. 고대로부터 성경의 모압 족속이 이 도시를 중심으로 번성했는데 성경에서는 길하레셋(Kir Harresett)이라고 불렀다. 선지자 엘리사 시절 유다의 여호사밧 왕과 북이스라엘의 여호람 왕 그리고 에돔의 왕이 함께 메사가 다스리는 모압을 정벌했다. 이 때 메사는 살 길을 열기 위하여 자기 맏아들을 성벽 위에서 번제로 드렸다. 결국 연합군은 길하레셋을 쳐서 크게 무너뜨렸다(왕하 3:1~27). 이후 케라크는 남 유다에 이어 에돔 사람들의 영향권 아래 있다가 결국 나바테아인들의 수중에 들어갔다. 그리고 최종적으로 로마의 손에 들어가게 된다.

아르논강 이남

# 보스라 Bozrah

**보스라 지리안내**

보스라는 암만에서 아카바로 내려가는 주요 도로 상의 요르단 타필라 주 주요 도시인 타필라와 슈박 사이에 위치해 있다. 오늘날에는 부세이라(Bou-seirah)라고 불린다.

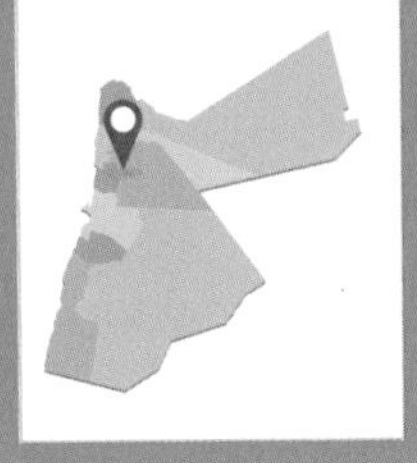

보스라는 '양우리(sheepfold)'라는 뜻으로 고대로부터 성경 에돔 족속의 주요 근거지였다. 성경은 야곱의 형 에서가 이곳에서 주로 살았다고 말한다(창 36:1~33). 이후 이스라엘이 출애굽 할 때에도 에돔 사람들은 이 산악 도시를 중심으로 살고 있었다. 고대의 유명한 왕의 대로(King's Highway)에 위치해 있었기 때문에 역시 상업적인 이득을 많이 취했다. 한편 아모스와 이사야 그리고 예레미야 등이 에돔과 보스라의 파괴 및 멸망에 대하여 예언했다(암 1:12, 사 34:16, 렘 49:13). 이외에도 미가의 하나님의 구원을 언급하는 예언에서 보스라가 등장하기도 한다(미 2:12~13). 포로기 시대 이사야는 메시아가 이 보스라에서 온다고 말하기도 했다(사 63:1). 에돔 사람들이 본격적으로 사해 남서부 이두매 지역으로 이주한 이후 주전 1세기 보스라는 나

요르단
Jordan

바테아인들의 도시가 되었으며 주후 106년에는 드디어 로마가 페트라와 함께 점령하여 로마의 도시가 되었다. 현재 유적으로 보고 있는 고고학적 발굴은 주로 주전 7세기 시대의 것이거나 로마시대의 것이거나 혹은 비잔틴 시대의 것이다. 가장 잘 보존된 로마식 극장이 남아 있으며 열주도로와 개선문 그리고 6세기 경 기독교회의 흔적도 남아 있다.

## 고대 유적지

The ruins of Bozrah

보스라는 에돔 사람들이 오래전부터 생활 기반으로 삼았던 곳이다. 에돔 사람들이 주로 동굴을 파고 들어가 생활했던 것과는 사뭇 다른 일반적인 주거형태가 남아있다.

02

## 로마식 원형경기장

The Roman Theatre at Bosra

보스라를 점령한 로마인들은 이곳에도 그들식의 극장 유적을 남겼다. 보스라의 극장 유적은 꽤 잘 보존되어 있다.

Landscape of Bozrah

아르논강 이남

# 와디 럼 Wadi Rum

**와디 럼 지리안내**

요르단의 수도 암만에서 남쪽으로 320km 떨어진 곳에 위치한다. 화강암층과 석회암층 그리고 사암층이 차곡차곡 쌓여 멋진 풍광을 이루고 있다.

와디 럼은 암반산악과 사막이 서로 뒤섞여 있는 지형으로 산악은 꽤 높아서 요르단에서 가장 높은 산인 움 아드 다미 봉우리가 이곳에 있다. 카즈알리 협곡에는 인간이 사냥을 하는 고대 유목민의 벽화가 남아 있다. 고대로부터 와디 럼은 왕의 대로를 지나는 대상들의 주요 통로였다. 이스라엘 백성들도 이런 길을 통해 요단 동편을 통과했다. 그래서 출애굽 여정에 대한 깊고 풍성한 체험은 이곳에서 가능하다. 와디 럼이 유명하게 된 것은 최근의 일이다. 1917년~1918년 사이 영국 장교 로렌스경이 이곳을 지나 아랍인들과 전투를 치렀다는 유명한 이야기가 남아 있다. 최근 이곳에서는 영화 촬영이 빈번하게 이루어지고 있기도 하다. '아라비아의 로렌스(1962)'가 이곳에서 촬영되었으며, 화성탐사와 관련된 영화 '마션(2015)'이 이곳에서 촬영되기도 했다.

아르논강 이남

# 페트라 Petra

**페트라 지리안내**

암만에서 아카바로 이어지는 주요 도로에서 남부 요르단의 산악지대에 위치한 고대 나바테아 인들의 유적지이다. 요르단 마안 주 서쪽 끝에 위치해 있으며 홍해 아카바 만으로부터 올라오는 아라바 협곡 사이 알-마드바 봉우리의 사면에 위치해 있다. 입구가 시크라는 협소한 절벽사이 틈으로 되어 있어서 접근이 쉽지 않다.

페트라는 거대한 사암산의 바위 틈으로 난 협곡으로 들어가서야 볼 수 있는 넓은 공간에 지어진 도시였다. 아라비아로부터 올라온 유목민들 특히 나바테아인들이 주전 7세기부터 2세기 사이 이곳에 거주하기 시작하면서 자기들만의 비밀스런 도시를 건설한 것이 그 유래이다. 접근이 용이하지 않기 때문에 자주 다니는 대상들에게나 알려진 곳이었다. 그러나 주전 2세기 경 나바테아인들의 홍해와 아라비아, 아프리카 물산들에 대한 거래가 왕성하게 이루어지면서 도시는 크게 번창했다. 그래서 근동과 헬라식의 양식을 갖춘 멋진 건물들과 거리, 주거 공간 및 장식이 잘 된 동굴 무덤들을 많이 만들었다. 주후 106년경 나바테아는 로마에 의해 점령되었고 아라비아 속주에 포함되었다. 주후 6세기 경 지진으로 완전히 파괴되고 버려졌다. 그리고 1812년 탐험가 부르크하르트가

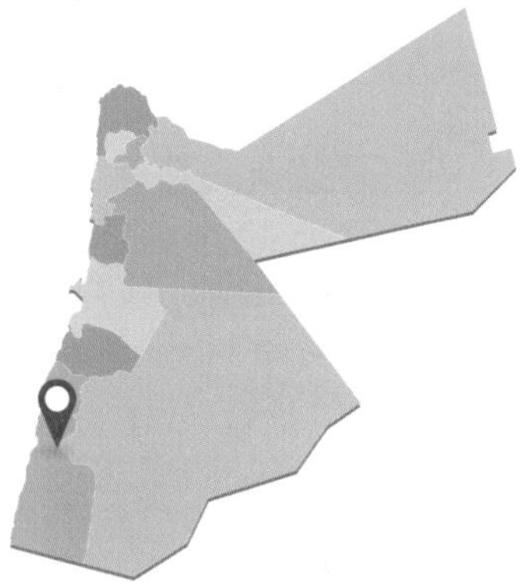

이곳을 다시 발견하기까지 완전히 잊힌 도시였다. 성경에서 페트라는 셀라(Sella)로 표시되어 있다(왕하 14:7). 유다왕 아마샤는 이곳을 점령하고서 이름을 욕드엘이라고 불렀다. 오바댜 선지자는 이곳의 멸망을 예언했다(옵 1:3). 이곳 주변에 아론이 죽어 장사되었다는 호르산과 모세가 물을 냈다는 샘이 있기도 하다.

## 시크

Siq

페트라로 들어가기 위해서는 이 좁은 협곡을 통과해야 한다. 홍수때는 물이 흐르기 때문에 조심해야 한다.

## 알카즈네

Al Khazneh

시크가 끝나는 지점에 만들어진 암벽을 파고 들어가 만들어진 건축물로 나바테아 왕 아레타스 3세의 무덤으로 추정된다.

## 알데이르

Al Deir

페트라를 건설한 오도바스 1세를 신격화하면서 그를 기념하고 예배하기 위해 지어진 사원이다. 역시 암벽을 깎고 파 지어졌다.

## 로마식 극장

Roman theatre

주후 2세기 초 이곳은 점령한 로마인들은 여기에도 자기들이 좋아하는 방식의 로마식 건축물, 극장을 남겼다.

## 대신전

The Great Temple of Petra

페트라 사람들은 주로 아랍의 신들을 섬겼다. 페트라에는 거대한 규모의 신전이 남아 있었으며 그 신전 지하에는 거대한 물 저장고도 있었다.

## 아론의 무덤

The tomb of Aaron

아론이 묻혔다고 여겨지는 호르산이 페트라 근처에 있다. 물론 호르산 자체가 위치가 모호하다.

## 모세의 샘

Moses's Well

모세가 이곳에서 샘물을 냈다고 믿고 있는 곳이다. 정확한 것은 아니다.

Landscape of Petra

아르논강 이남

# 아카바 Aqaba

### 아카바 지리안내

요르단 왕국의 유일한 항구이다. 홍해가 시나이반도 양쪽으로 들어오면서 형성된 오른쪽 만이 아카바만인데 그 북쪽 끝자락 요르단 영토에 위치해 있다. 오늘날 요르단 경제 및 무역에서 중요한 역할과 휴양도시로도 유명하다.

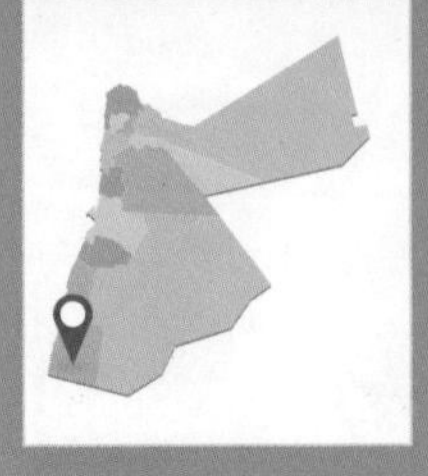

아카바라는 말은 '갈대의 바다'라는 뜻을 가지고 있다. 오래전부터 이집트나 아프리카로부터 그리고 인도양 일대로부터 물품이 들어오는 중요한 관문 역할을 해왔다. 대상들은 여기서 물건을 교역하고서 새로운 물건을 실어 요단 동편 왕의 대로를 거쳐 다메섹과 더 북쪽으로 올라갔고 거기서 실크로드 무역과 연계하기도 했다. 오래전부터 아카바는 페트라와 보스라 중심 에돔 사람들의 항구역할을 해왔다. 에돔 사람들은 주전 1500년경부터 이곳을 무역항으로 이용했는데 주로 페니키아 사람들과의 협력으로 청동을 거래하는 곳으로 유명했다. 아시리아와 바빌로니아 그리고 페르시아 및 나바테아와 로마 등의 고대제국들이 이곳의 중요성을 잘 인식했다. 그래서 엘랏은 꾸준히 고대의 무역항으로 존속할 수 있었다. 비잔틴 시대에도 이곳은 중요했는데 그래서 이곳에

는 제법 규모있는 교회가 세워졌으며 이곳 출신 지도자가 주후 325년에 열린 니케아의 종교회의에 참석하기도 했다. 솔로몬은 이곳에 원래 있던 아카바 대신 에시온 게벨(Ezion Geber)을 자신만의 무역항으로 이용했다. 솔로몬 이후 한동안 에돔과 아카바는 유다의 영향권 아래 있었는데 유다의 왕 웃시야(아사랴)시절 에돔인들은 아람의 도움을 얻어 도시를 다시 되찾았다(왕하 16:6).

## 휴양지 아카바

Aqaba

국토의 95%가 사막인 요르단은 당장 편리한 휴양시설을 갖춘 도시가 없다. 아카바는 요르단 유일의 항구도시로 많은 요르단 사람들이 이곳에서 바다 휴양을 즐긴다.

## 아카바항

The Port of Aqaba

아카바는 요르단의 산물이 바다로 나가고 세계의 물산이 요르단으로 들어오는 관문이다. 아카바항은 요르단의 보석과 같은 존재이다.

Landscape of Aqaba

성서의 지명을 보다 명확하게 이해할 수 있는

# 요단동편 네 개의 강들

성경은 요단강을 중심으로 요단 서편 가나안(현재 이스라엘) 요단 동편 땅(현재 요르단)을 구분한다. 요단 동편을 주로 이스라엘 백성이 출애굽하여 가나안으로 입성하기 전 거쳐 갔던 땅들이거나 므낫세와 갓, 르우벤 지파 등이 차지한 땅들, 그리고 훗날 이스라엘이 아람과 암몬, 모압 및 에돔과 경쟁하던 시절의 땅 이야기들이 많이 남아 있다. 그런데 요단 동편의 지명들은 그 땅을 흐르는 대표적인 네 개의 강들을 통하여 구분하는 것이 가장 적절하다.

## ❶ 야르묵강

Yarmuk River

요단 동편에서 요단강이나 사해로 흘러들어가는 강들 가운데 가장 위쪽에 위치해 있다. 갈릴리 호수 바로 아래 요단강으로 흘러들어간다. 물 수량이 많지 않지만 그래도 우기에는 제법 많은 양을 요단강으로 흘러보낸다. 예전에는 바산이라고 부르고 오늘날은 골란이라고 부르는 고원지대와 그 바로 아래 길르앗 산지 사이를 흐른다. 야르묵 위쪽 바산은 예전부터 농사와 목축이 잘 되는 기름진 땅으로 알려져 있다(신 32:14, 시 22:12, 암 4:1).

## ❷ 얍복강

Jabbok River

얍복강은 요르단의 수도 암만 주변 샘에서 발원하여 복잡한 지형을 흐르다가 요단강으로 흘러간다. 요르단에서는 이 강을 자르카(Zarqa)라고 부른다. 이 얍복강을 기준으로 길르앗 산지가 남북으로 나뉜다. 얍복강 덕분에 길르앗 산지는 나름 목초지를 유지할 수 있어서 과일이나 목초가 가능하다. 성경에서 이 땅은 원래 아모리인들이 차지하고 있었는데 훗날에는 암몬사람들의 주요 활동 영역이 된다. 야곱이 이 강 하구 요단강과 만나는 어귀에서 강을 건너 가나안으로 돌아갔다(창 32:23~30).

### ❸ 아르논강
Church of All Nations

길르앗 산지가 끝나는 지점에는 아르논이라는 깊고 큰 협곡이 있다. 그 협곡에 흐르는 강이 아르논 강이다. 사해로 흘러간다. 이 협곡을 경계로 남쪽은 모압 산지 혹은 모압 평지라고 부르고 그 위쪽은 길르앗 남부 산지가 된다. 아르논 강이 큰 협곡인 관계로 그 북쪽은 주로 암몬 족속이 그 남쪽은 모압 족속이 주 근거지로 삼아 랍바성과 길하레셋성을 근거지로 각자의 왕국을 이루었다. 성경에서 이곳은 아르논 골짜기 혹은 아르논 나루라고도 불렸다(신 2:24, 사 16:2).

### ❹ 세렛 시내
Zered

사해 동남부에 위치한 건천으로 모압산지와 에돔 산지의 경계가 된다. 비가 오면 물이 흐르는 개천이다. 오늘날은 와디 엘 헤사(Wadi el Hesa)로 불린다. 이 작은 시내와 협곡을 경계로 북쪽에는 모압족속이 자리를 잡고 남쪽에는 에돔 족속이 자리를 잡았다. 앞서의 강들에 비해 크지는 않지만 그래도 약 57킬로미터에 걸쳐 동서로 흐르면서 지역의 경계를 형성하고 있다. 이스라엘 백성들은 출애굽하면서 이 시내 주변에 잠시 머물렀다가 본격적인 가나안 진입을 시작한다(민 21:12, 신 2:13~14).

T

# 터키

Turkey

터키 서부

# 이스탄불 Istanbul

**이스탄불 지리안내**

이스탄불은 흑해와 에게해가 만나는 보스포러스 해협을 두고 유럽과 아시아에 걸쳐 있는 터키 최대의 도시이다.

이스탄불은 주전 600년경 비잔티움이라는 이름으로 처음 시작되었다. 로마가 점령하고서 마케도니아를 지나는 비아 에그나티아의 종점 도시로서 무역이 크게 유행하는 큰 도시가 되었다. 주후 330년경 콘스탄티누스 황제가 내전에서 승리하면서 로마를 버리고 이곳 비잔티움으로 와 새로운 수도를 삼으면서 도시의 이름은 콘스탄티노플이 되었다. 이후 도시는 동로마제국의 핵심 도시로 성장했고 또 동방교회의 주요 거점이 되었다. 그렇게 천년을 이어가던 동로마제국과 콘스탄티노플은 1534년 마침내 오스만제국에게 넘어가게 되고 콘스탄티노플은 새로운 주인에게서 이스탄불이라는 이름을 갖게 되었다. 그리고 약 500

여년 간 이스탄불은 거대한 오스만 제국의 수도로서 맹위를 떨쳤다.

오스만 제국이 멸망하고 제국이 통치하던 여러 나라들 특히 발칸반도의 여러 나라들이 독립하고서도 이스탄불은 여전히 터키인들의 도시로 남았다. 그리고 신생 터키공화국의 중심도시로서 여전히 중요한 위치를 차지하게 된다. 현재 이스탄불은 유럽과 아시아 사이 보스포러스 해협을 끼고서 두 대륙 모두에 위치한 유일한 도시로 성장하고 있다. 고대로부터 이어져 온 많은 문화유산을 품고 있으며 그 오래된 역사 만큼이나 많은 이야기를 담고 있다.

Landscape of Istanbul

터키
Turkey

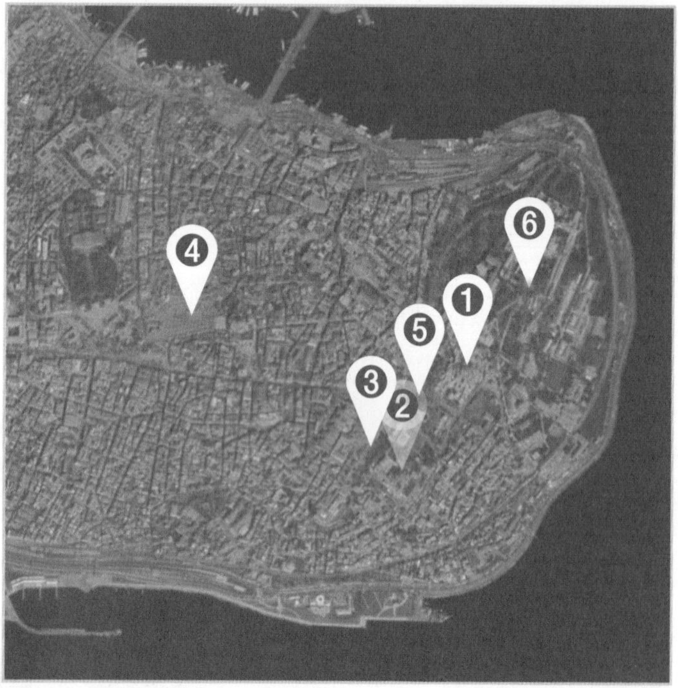

이스탄불 현재 지도와 주요 유적 및 방문지들

❶ 하기아소피아
❷ 블루 모스크
❸ 술탄 아흐메트 광장
❹ 그랜드 바자
❺ 바실리카 시스턴
❻ 톱카피 왕궁 / 터키박물관

## 하기아소피아

Hagia Sophia

콘스탄티누스 황제에 의해 최초로 지어지고 6세기 유스티니아누스 대제때 완성되었다. 한 때 이슬람의 사원이었다가 현재는 박물관으로 사용되고 있다.

## 블루 모스크

Sultan Ahmed Mosque

술탄 아메드 모스크라고 불리며 17세기 초에 완성되었다. 하기아소피아의 웅장함에 필적할 이슬람 건축물을 짓기 위해 완성한 것이라 알려져 있다.

03

## 술탄아흐메트광장

Sultan Ahmet Parki

하기야 소피아와 블루 모스크 사이에 있다. 옛 콘스탄티노플의 로마식 광장 포럼이 있던 곳이다. 뱀기둥과 오벨리스크 등으로 유명하다.

## 그랜드 바자

Grand Bazaar

15세기부터 시작된 오래되고 큰 시장이다. 이슬람 스타일의 다양한 물산을 보고 살 수 있다,

터키
Turkey

05

## 바실리카 시스턴

Basilica Cistern

예레바탄 사니치라고도 불린다. 이스탄불의 오래된 물저장소이다. 동로마제국 때부터 있었다. 1987년 복원되었다.

06

## 톱카피 왕궁/터키박물관

Topkapı Palace

이슬람 형식으로 지어진 옛 오스만 제국의 왕궁이다. 현재는 터키 국립박물관으로 사용하고 있다.

Landscape of Istanbul

터키 서부

# 에베소 Ephesus

**에베소 지리안내**

에베소는 에게 해안에서 5km 들어간 카이스터 강구에 위치해있다.

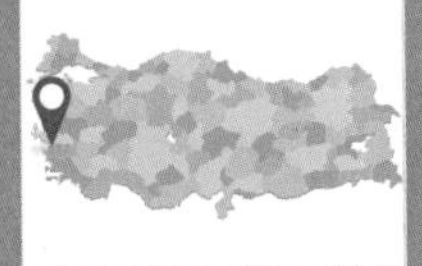

에베소는 터키 서부 에게해에 인접한 고대도시이다. 거대한 아르테미스 신전이 있고 셀주크 도서관이 있어 많은 순례객들과 관광객들이 모이기로 유명한 곳이다.

바울이 2차, 3차 전도여행을 하며 이곳에 머물렀고 많은 이들에게 복음을 전했고 교회를 세웠다. 바울의 3차 전도여행에서는 바울이 복음을 전하며 많은 이적을 행하자 이것을 본 마술객들이 마술책을 불사르고 예수님을 믿었다(행 19:1-10). 사도 요한은 예수님께서 십자가 상에서 부탁하신 말씀에 따라 예수님의 어머니를 모시고 이곳에 와서 말년을 보냈다. 또한 요한은 이곳에서 요한1,2,3서를 저술하였다.

 터키 Turkey

Landscape of Ephesus

01

## 셀수스 도서관

Library of Celsus

주후 3세기 경에 세워진 도서관이다. 원래 로마식 포럼 자리에 세워졌으며 많은 장서를 보유한 것으로 유명했다.

02

## 아르테미스 신전

The Artemis of Ephesus

에베소는 고대로부터 불가사의한 것으로 여겨지던 거대한 신전, 아르테미스 신전을 갖고 있었다. 이 거대한 신전은 바울 시대에도 존속했다.

## 대극장

The great theatre of Ephesus

약 5만명이 넘는 사람들이 한꺼번에 앉아 관람을 할 수 있는 큰 규모의 극장이다. 바울을 배척하던 에베소 사람들은 여기서 "위대하다 아데미여"라고 수 시간 동안 외쳤다.

04

## 성요한교회

Basilica of St. John

에베소는 요한의 주요 사역지였다. 성요한교회는 그를 기념하여 비잔틴시대에 지어진 대표적인 비잔틱 식 교회이다.

05

## 마리아의 집

Meryem Ana Evi

에베소 외곽에 있었다. 예수님의 어머니 마리아가 요한의 봉양을 받으며 죽을 때까지 살았다고 전해진다. 지금은 마리아를 기념하는 교회가 되었다.

터키
Turkey

## 06
## 도미티안 황제 신전
The temple of Domitian

에베소는 도미티안 황제의 유적이 많다. 도미티안은 자기를 기념하는 신전 아래 백화점을 만들기도 했다.

## 07
## 하드리안 신전
Hadrianus

에베소의 주요 도로 상에 있는 작은 신전이다. 하드리안은 매우 현실적인 사람이었다. 자기를 숭배하는 신전은 별로 원하지 않았다. 그래서 도미티안에 비해 현실적으로 작다.

# 에베소 주변의 주요 기념교회들
Churches in Ephesus

### ❶ 사도요한기념교회
Church of the Pater Noster

사도요한교회는 에베소라는 도시가 처음 세워진 셀주크 언덕에 세워진 비잔틴 시대 교회이다. 그 옆에는 유명한 아르테미스 신전이 자리하고 있었다. 비잔틴 시대에 이르러 교회가 번성하던 시절에 세워진 이 교회는 전형적인 비잔틴 양식에 충실했다. 그래서 교회는 제단과 제단 창문이 동편으로 나 있고 예배실은 십자가 형태로 되어 있으며 예배실 옆에는 세례를 위한 장소가 별도로 마련되어 있다.

터키 서부

# 서머나 smyrna

**서머나 지리안내**

서머나는 소아시아 서해안, 에베소 북쪽에 위치한 항구 도시이다.

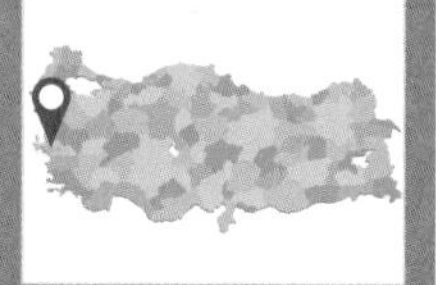

서머나는 소아시아 중앙으로 통하는 교통의 요지였다. 서머나는 요한이 편지를 보낸 일곱교회 중의 하나이며, 빌라델비아교회와 더불어 한없는 칭찬을 받은 교회 중 하나이다(계1:11; 2:8-11). 서머나교회는 빈곤했으며 끊임없는 환난에 처해 있었다. 게다가 교인 중의 몇 사람이 옥에 갇히는 수난을 받고 있었다. 놀라운 것은 그런 중에도 서머나 교인들의 신앙심이 깊어 생명의 면류관을 받을 자격자들이라고 보았다.

주후 156년 서머나의 감독이었던 폴리캅은 고령의 나이에 기독교 신앙을 부인하라는 총독의 권유를 거절한 후 서머나의 12번째 순교자로서 화형을 당했다. 이를 기념한 교회가 오늘날 서머나 시내에 있다.

터키 서부

# 버가모 Pegammum

**버가모 지리안내**

버가모는 에게해로부터 약 24km, 서머나에서는 북쪽으로 100km 지점에 있다.

버가모는 과거 대도시로 번성했으며 이곳에서 소아시아 일곱교회 중 세 번째 편지를 받은 교회였다(계 2:12-17). '온 아시아에서 가장 우상 숭배가 성한 곳'이란 별명을 가지고 있을 정도로 우상숭배가 성한 곳이었으며 별명답게 이 도시 뒤의 언덕에는 많은 신들의 신전이 있다. 예수의 증인 안디바가 순교한 곳이며 발람과 니골라당을 숭배하는 자들도 이 도시에 있었다. 그러므로 선과 악의 끝없는 투쟁의 장이기도 했던 곳이다. 사도 요한은 회개하고 성령이 버가모 교회에게 하는 말씀에 경청할 것을 당부하고 있다(계 2:12-17). 버가모의 유적 중에 가장 유명한 것은 도서관이다. 지금은 건물의 기초 부분만 남아있는 이 도서관은 번영했던 당시 알렉산드리아 도사관과 함께 세계 2대 도서관으로 꼽혔을 정도이다.

터키 서부

# 빌라델비아 Philadelphia

**빌라델비아 지리안내**

빌라델비아는 사데 동쪽 약 32km, 서머나 동쪽 약 97km 되는 곳에 위치한다.

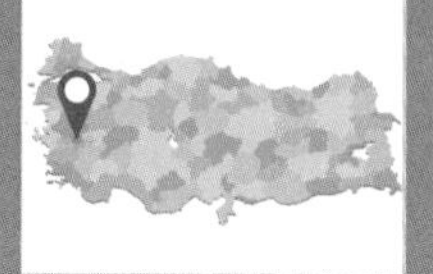

빌라델비아는 헬라 시대에 상당히 번영하여 이미 주전 2세기에 화폐주조를 시작했다. 주전 17년에 발생한 대지진의 강타로 크게 파괴된 빌라델비아를 디베료 황제가 원조하러 왔고, 주민들은 감사의 표시로 이성읍에 '네오 가이사랴'라는 별칭을 붙였다.

소아시아 일곱 교회 중 여섯 번째로 소개된 교회로 서머나교회와 같이 성령으로부터 책망받는 일이 하나도 없고 칭찬만 받은 모범적인 교회였다(계3:7-13). 빌라델비아는 이슬람 셀주크와 오트만이 비잔틴 제국을 침략할 당시에도 점령된 영토 내에서 혼자 고립된 채로 기독교를 신봉했으며 투철한 용맹으로 두 차례의 포위 공격을 견뎌냈다.

터키 서부

# 두아디라 Thyatira

**두아디라 지리안내**

두아디라는 버가모와 사데를 잇는 중간선상에 위치한다.

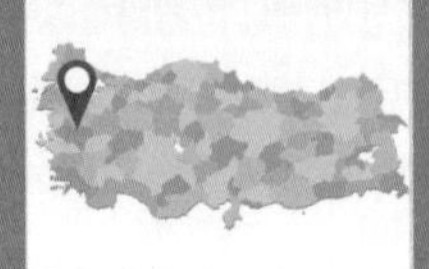

두아디라는 '성읍', '희생' 등의 의미를 갖고 있다. 알렉산더의 장군 셀류코스가 자신의 딸 튀가테르의 축생 소식을 듣고 그것을 기념하기 위해 이름지었다고 한다. 후대에 셀러우코스 니카토르가 도시를 재건해 주목받기 시작했고 오늘날까지도 가죽 제품 명산지로 꼽힌다. 바울은 빌립보에 들렀을 때 두아디라성의 하나님을 공경하는 루디아라는 여인을 만난다(행 16:14). 요한계시록이 기록될 때 두아디라에는 상당히 강력한 교회로 기록된다(계 2:18:29). 이는 이곳의 교회가 사랑과 믿음과 섬김과 인내의 칭찬을 받은 것과, 나중 행위가 처음 것보다 많다고 한 편지의 내용에서 알 수 있다.

터키 서부

# 사데 Sardis

**사데 지리안내**

서머나에서 동쪽으로 터키의 수도 앙카라까지 뻗은 넓은 국도를 따라 약 70km를 가면 사르트라는 작은 마을이 나오는데 이곳이 사데이다.

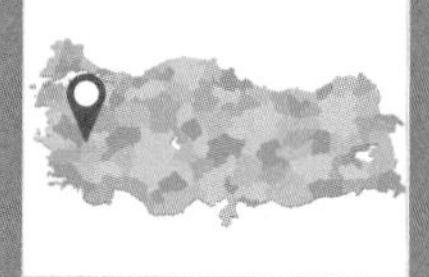

사데는 작은 시내가 둘러 흐른다. 이 시내는 '황금천'이라고 부를 만큼 사금 함유량이 많았다. 한때 리디아 왕국의 수도였고 페르시아 때 소아시아 지방 수도이기도 했다. 소아시아 일곱교회 중 하나인 사데교회는 살았다 하는 일음을 가졌으나 실상은 죽은 자 같은 교회로 성령으로부터 책망받은 교회다(계 3:1). 사데교회는 물질적 풍요로 인해 세속화되고 형식주의와 나태함이 가득했다. 일곱교회 중 작은 교회이지만 사도 요한은 "이기는 자와 같이 흰옷을 입을 것"(계 3:4-5)라며 격려했다.

터키
Turkey

Landscape of Sardis

터키 서부

# 밧모 Patmos

밧모 지리안내

소아시아의 카리아 서편에 있는 섬으로 밀레도 남쪽 약 56km지점의 에게해 해안으로 현재의 파티노다.

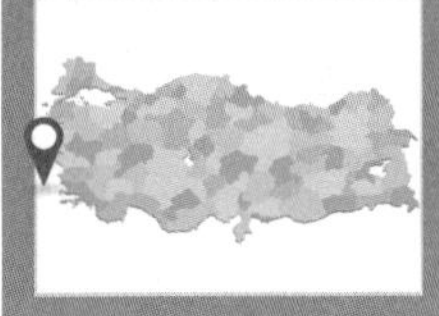

밧모의 뜻은 '송진'이다. 지리적인 위치로는 터키에 훨씬 가까우나 에게해 다른 섬들과 마찬가지로 현재 그리스에 소속되어 있다. 밧모섬은 로마 제국 시대에 종교, 정치범의 유배지였다. 요한계시록의 저자 요한은 도미니아누스 황제 때 이 섬으로 유배를 와서 약 18개월 동안 살다가 네르바 황제 때에 풀려나서 에베소로 갔다. 황량한 바다 가운데 바위와 돌로 형성된 이 섬은 지금도 채석장에서 석재를 생산한다. 요한도 이 섬에 유배와서 채석공으로 돌 깨는 일을 했다고 한다. 요한이 계시를 받았다는 계시 동굴이 있으며 그 위에 아르테미스 신전이 있던 곳에 요한 수도원이 세워져있다.

## 요한수도원

Monastery of St. John the Theologian

마치 성채처럼 되어 있는 이 수도원은 1088년에 지어졌으며 해적의 침입을 막기 위해 높은 성채로 만들어졌다고 한다.

## 요한동굴

Cave of the Apocalypse

사도 요한이 유배중 머물며 기도하는 가운데 계시록을 받아 집필했다는 곳이다. 고난 가운데 하나님의 뜻을 세상에 전하기 위해 분투했던 그의 흔적이 남아 있다.

Landscape of Patmos

터키 서부

# 밀레도 Miletus

밀레도 지리안내

밀레도는 마이안테르강의 하구가 있는 라트미안만 남쪽 해변의 돌출해 나온 한 곳에 위치하고 있다.

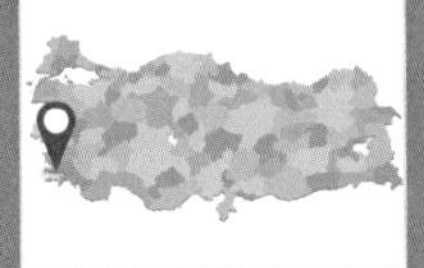

밀레도는 유명한 철학가 텔레스, 아낙시만드로스, 아낙시메데스의 출생지이며, 소아시아 서해안에 있는 항구도시로서 옛날 이오니아국의 수도였는데 에베소 다음으로 번화한 곳이었다. 바울은 여기서 에베소교회 장로들을 불러 자기가 떠난 후에 흉악한 이리가 들어와 교회를 해칠까 염려스러우니 목자들처럼 신자들을 잘 돌봐달라고 부탁하였다(행 20:17-38). 후에 바울은 병든 드로비모를 이곳 밀레도에 머물게 했다(딤후 4:20). 현재 밀레도에는 대규모의 야외극장을 비롯하여 이오니아식 상점터, 신전터, 로마 때의 목욕탕, 아고라, 사자석상등 수많은 유적이 남아있다.

터키 중부와 동부

# 히에라볼리 Hierapolis

**히에라볼리 지리안내**

히에라볼리는 라오디게아 북쪽 10km, 골로새 북서쪽 19km, 빌라델비아 북쪽 약 160km 떨어진 지점에 위치해 있다.

히에라볼리는 주전 2세기 버가모의 왕 엠마네스 2세가 건설한 도시이다. '거룩한 성'을 뜻하며 오늘날의 파묵칼레이며 목축업이 번성하여 '목화성'으로 불린다. 이곳 주변에는 양을 치는 목축업이 번성해 예부터 직조업이 크게 발전했다. 오늘날에도 옛 전통이 그대로 계승되고 있으며, 이곳의 양털 카펫은 세계에서 가장 뛰어난 특상품으로 꼽힌다. 로마 제국 시대의 유적이 대부분을 차지하며 사도 빌립의 순교자 무덤이 남아 있다. 빌립은 이곳에서 순교하여 그의 딸과 함께 묻혔다(행 21:8-9). 바울은 골로새교회가 라오디게아인과 히레라볼리인들을 위해 수고하는 것을 편지를 통해 증언한다(골 4:13).

## 파묵칼레
Pamukkale

히에라볼리는 예로부터 온천으로 유명하다. 지금도 따뜻한 물이 솟아나 멋진 석회 온천탕을 형성하고 있다.

## 빌립기념교회
The tomb of Philip

빌립은 이곳에서 헌신적으로 사역하다 순교했다. 그는 거꾸로 십자가에 달려 죽었는데 예수님께서 그에게 현현하셔서 그의 영혼을 받으셨다.

## 히에라볼리 유적
Hierapolis ruins

히에라볼리에는 유독 온천탕 유적이 많다. 피부병이나 불치병에 걸리면 여기 히에라볼리로 와 마지막 시간을 기도하고 치료하며 지냈고 한다.

터키 중부와 동부

# 골로새 Colosse

**골로새 지리안내**

골로새는 라오디게아에서는 17.6km 히에라볼리에서 20.8km떨어진 지점에 위치한다.

골로새는 리쿠스 계곡 북쪽으로 16km 떨어진 곳에 위치하며 고대부터 동서방을 잇는 중요한 교두보 역할을 했다. 헬라 시대 이전까지 가장 번창했으며 라오디게아 히에라볼리와 경쟁했던 도시이다. 사도 바울이 에베소에 머무를 당시 복음이 전해진 도시이다(행 19:10). 이곳은 바울이 직접 방문하지는 않았지만 에바브라를 통해 알려졌다. 골로새 교회는 에바브라가 설립하였다. 바울은 옥중에서 골로새서를 써서 골로새교회에게 보냈고 추후 오네시모, 빌레몬, 아킵보가 골로새교회의 교인이 된다(몬 23, 골 1:7; 4:9; 17).

터키 중부와 동부

# 라오디게아 Laodicea

**라오디게아 지리안내**

라오디게아는 히에라볼리 남쪽 10km 쯤, 골로새 서북쪽 약 16km 떨어진 데니즐리 외각에 있다.

헬라제국의 안티오쿠스가 부인 라오디게의 이름을 따라 지은 도시이다. 주변 도시인 이에라볼리와 골로새 사이에서 장인 조합과 옷을 만드는 일 등으로 번성했던 도시다. 이곳은 안약 원료를 만드는 곳으로 유명했다. 주전 4세기경 브루기아 지역의 행정수도였으나 주후 13세기 셀주크제국의 전쟁 참화로 폐허가 되었다.

라오디게아는 소아시아 일곱 교회 중에 맨 마지막 교회인 라오디게아교회가 있었고(계 3:15~16), 바울은 이곳 교회를 위해 많은 정성을 기울였다(골 2:1). 사도 요한은 라오디게아교회의 차지도 덥지도 않은 미지근한 신앙을 질책했다(계 3:15-16).

터키 중부와 동부

# 버가 Perga

**버가 지리안내**

버가는 아쿠스 강에서 13km 평원에 위치한 고대 도시 중 하나이다.

선사시대부터 '버가'명칭을 사용하였다. 이 도시의 창건자들은 희랍 신화에 나오는 몸소스와 칼라스라고 전한다. 높은 산맥이 해안으로부터의 피해를 막을 수 있었고 동서를 연결하는 교통의 요충지였다. 헬라 시대에 셀류시드 왕조가 주둔하여 번성하였고 이로 인해 대규모 건물과 기념비가 남아있다. 바울과 바나바는 1차 전도 여행시 두 번에 걸쳐 이곳을 지나갔다(행 13:13; 14:24-25). 바울과 바나바와 함께 전도여행을 떠난 요한 마가는 너무 힘든 나머지 이곳에서 그들을 떠나 예루살렘으로 귀한하는 사건이 벌어졌다. 이 일로 2차 전도 여행 때는 바울과 바나바가 헤어지는 원인이 되었다(행 13:13-14).

터키 중부와 동부

# 앗달리아 Attalia

**앗달리아 지리안내**

앗달리아는 소아시아 남서쪽 연안에 있는 밤빌리아의 가장 중요한 출구에 위치한 조그만 항구도시다.

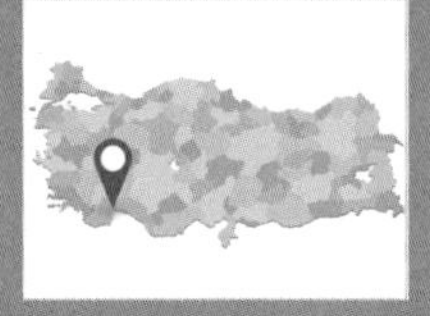

앗달리아는 '앗다로스의 성읍'이란 의미로 주전 145년경 버가모의 왕 앗다로스 아탈루스 2세가 자기 이름을 따라 앗달리아라고 명명했다. 교통로의 발달로 인해 시리아와 이집트로 가는 길목으로 유용했으나 마케도니아, 로마 등의 공격을 받아 황폐해졌다. 헬레니즘 시대의 시설 잔재가 남아있으며 항구는 고대의 특징을 잘 보존하고 있다. 사도 바울은 1차 전도여행을 마치고 귀환 중에 밤빌리아와 버가를 경유한 뒤 앗달리아에 와서 전도한 후 안디옥으로 돌아갔다(행 14:24-26).

터키 중부와 동부

# 비시디아 안디옥 Antioch of pisidia

**비시디아 안디옥 지리안내**

비시디아 안디옥은 터키 얄바츠에서 동쪽으로 3.2km 떨어진 곳에 위치하고 있는 유적지이다.

비시디아의 안디옥은 시리아의 왕 셀레우코스 1세가 설립하고 갈라디아의 아민타스가 머무르다 죽은 후 주전 25년 로마화가 이루어졌다. 안디옥은 비잔틴 시대의 회당과 무덤이 남아 있으며 십자군 전쟁 때 요새로 사용되었다. 사도 바울은 1차 전도 여행 때 이곳의 회당에서 유대인들과 이방인들에게 복음을 전하였다(행 13:14-43). 이때 많은 유대인들과 경건한 사람들이 바울과 바나바를 따랐다. 그러나 유대인 중의 일부는 시기하여 비난과 박해를 가하자 바울과 바나바는 발의 티끌을 떨어 버리고 이고니온으로 갔다(행 13:43-52).

## 아우구스투스 신전

Temple of Divus Augustus

비시디아 안디옥은 로마군인의 도시였다. 그들이 충성하던 황제 아우구스투스 신전의 유적이 아직도 남아 있다.

## 바울기념교회

St. Paul's Church

도시 유적 아래쪽에 사도바울을 기념하는 교회 유적이 남아 있다. 바울은 이곳에서 아시아 중심부 사역을 새롭게 시작했다.

Landscape of Antioch of pisidia

터키 중부와 동부

# 이고니온 / 코냐 Iconiun / Konya

**이고니온 지리안내**

이고니온은 소아시아 남부의 중앙의 해발 1000m에 위치해 있다.

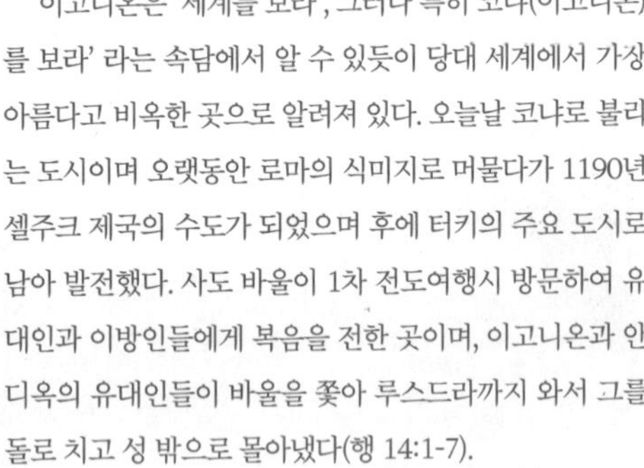

이고니온은 '세계를 보라 , 그러나 특히 코냐(이고니온)를 보라' 라는 속담에서 알 수 있듯이 당대 세계에서 가장 아름다고 비옥한 곳으로 알려져 있다. 오늘날 코냐로 불리는 도시이며 오랫동안 로마의 식미지로 머물다가 1190년 셀주크 제국의 수도가 되었으며 후에 터키의 주요 도시로 남아 발전했다. 사도 바울이 1차 전도여행시 방문하여 유대인과 이방인들에게 복음을 전한 곳이며, 이고니온과 안디옥의 유대인들이 바울을 쫓아 루스드라까지 와서 그를 돌로 치고 성 밖으로 몰아냈다(행 14:1-7).

터키 중부와 동부

# 루스드라 Lystar

**루스드라 지리안내**

루스드라는 지금의 코냐로부터 남동쪽으로 24km 떨어진 곳에 위치해 있는 고대 도시이다.

루스드라는 '양의 문'이라는 뜻이다. 루스드라는 두 개의 시내가 흐르는 매우 비옥한 지역으로 고대인들은 이 지역에 정착하여 농업을 생업으로 삼았다. 도시 입구에 제우스 신상과 헤르메스 신상이 있었던 것으로 유명하다. 동쪽 기슭에는 작은 비잔틴 양식의 교회 초석들이 남아있다. 바나바와 바울은 1차 선교여행 때 이곳에서 발을 전혀 쓰지 못하는 한 사람을 고쳐주어 '제우스'와 '헤르메스'로 오해하여 추앙받기도 했으나 이를 전도의 기회로 삼아 많은 사람들이 하나님께로 돌아오는 역사가 일어나기도 했다(행 14:1-18; 21). 추측컨대, 이때 디모데가 복음을 듣고 회심한 듯하며, 그후 2차 선교여행 때 이곳을 방문한 바울에게 조력자로 부름받았다(행 16:1-5).

터키 중부와 동부

# 더베 Derbe

**더베 지리안내**

더베는 카라만에서 북동쪽으로 24km 떨어진 곳에 게르티 후크로 알려진 지역에 위치한다.

더베의 위치는 오랫동안 논쟁거리였다. 지금의 터키 카라만 주의 케르티 후크이다. 즉 현재의 카라만에서 북동쪽으로 24km 떨어진 중간 정도 크기의 주거지 구릉인 게르티 후유크가 유적지 라는 곳으로 확정짓고 있다. 소아시아 남부 루가오니아 주에 속한 도시. 더베는 바울이 두 번 방문한 곳으로 유명하다. 사도 바울은 1차 선교여행 때 루스드라를 거쳐 이 지역에서 복음을 전했으며(행 14:6; 20)이때 바울은 많은 제자를 얻었다(행 16:1). 2차 선교여행 때 이 도시를 다시 방문하였다(행 16:1). 이때 제자 가이오를 얻기도 했다. 가이오는 더베 출신이다(행 20:4). 더베는 주로 루가오니아인들이라고 불리는 사람들의 주요 도시였다(행 14:11). 헬레니즘과 로마 시대 동안에 사람들이 거주했으나 중세 이후 전적으로 잊혀졌다.

터키 중부와 동부

# 다소 Tarsus

**다소 지리안내**

다소는 수리아 안디옥 서북쪽 39km, 지중해 해안서 16km 내륙에 위치한 소아시아 남동 해안의 도시이다.

다소는 로마이전부터 상업적 거래와 자체 학문 발전으로 유명했다. 알렉산드리아와 버가보 그리고 아테네 등과 아울러 거대한 도서관을 보유한 몇 안되는 도시였다. 다소는 동서양 문화가 교차하는 지리적 잇점 때문에 일찍부터 철학과 학문이 발달하였고 유명한 대학도 있었다. 이곳을 통해 헬라 문명이 활발하게 발달했으며 많은 철학자들이 배출되기도 하여 소위 소아시아의 아덴이라고 불릴 정도였다. 로마 시대 들어 길리기아 속주의 수도가 되면서 크세 번성했다. 바울이 태어난 고향이며 바울은 유대인들 앞에서 친히 변호할 때에 자기가 길리기아 다소에서 났다고 말하였다(행 21:39; 22:3). 바울은 이 도시에서 어린 시절을 보낸 것으로 보이며 회심 후 안디옥에서 사역을 시작하기 전 돌아와 10여년을 보낸 곳이기도 하다.

터키
Turkey

## 01 클레오파트라문

Cleopatra's Gate

로마의 내전 시기 클레오파트라는 로마 장군 안토니우스의 아내였다. 그는 터키와 마케도니아 일대에 대해 영향력을 갖고 있었다.

## 02 바울의 생가 우물

St. Paul Kuyusu

바울은 여기 다소에서 성장하여 자랐다. 그래서 헬라문화를 잘 알았고 동시에 유대교에 대해 정통했다.

## 03 바울기념교회

St. Paul's Church

다소에서 바울은 그의 평생 믿고 의지하며 살아갈 복음을 정리했다. 그리고 많은 고초도 겪었다. 그를 기념하는 교회가 아직 남아 있다.

터키 중부와 동부

# 안디옥 Antioch

### 안디옥 지리안내

안디옥은 지중해 동북쪽 끝 지점으로 오론테스 강구에서 32km 북쪽으로 올라간 지점의 남쪽 해안에 위치하고 있다.

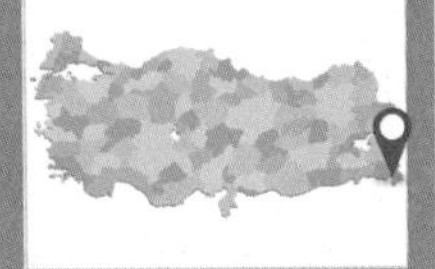

수리아 안디옥의 지리적 가치는 오래전부터 인정받았다. 고대부터 상인들이 차지하고 있었으며 특히 알렉산더 대왕의 정복 이후에는 헬레니즘이 이곳을 통해 근동지역으로 확산되었다. 소아시아, 시리아, 팔레스타인 사이 중간에 위치해 있어 문화적, 상업적으로 번성했다. 그리고 이곳은 스데반의 순교로 흩어진 예루살렘의 신자들이 교회를 설립한 곳으로 복음 전파의 전초기지였다(행 11:19-21). 수리아 안디옥 교회는 바나바와 바울을 이방 선교사로 파송했다(행 13:1-3). 안디옥 교회는 처음으로 '그리스도인'이라는 호칭을 얻게 된다(행 11:26). 그리고 바울과 그 동역자들의 세 차례 선교여행을 모두 후원함으로써 최초로 이방 선교에 헌신한 교회로 이름을 남기게 된다(행 13:1; 15:3; 18:23).

터키
Turkey

01

## 베드로동굴교회

Church of St. Peter

초기 기독교 역사 내내 안디옥 성도들이 모여 예배하던 곳으로 여겨지는 곳이다. 베드로를 비롯한 초기 기독교 지도자들이 모두 이 곳을 거쳐 안디옥교회를 지도했다.

02

## 하타이 고고학 박물관

Hatay Archaeology Museum

안디옥은 알렉산더 이래로 오래된 도시이다. 도시 유적을 보기위해서는 하타이 고고학 박물관으로 가야 한다.

Landscape of Antioch

터키 중부와 동부

# 갑바도기아 Cappadocia

**갑바도기아 지리안내**

갑바도기아는 소아시아 중앙에 위치한 지역을 말한다. 동쪽으로 유브라데 강, 북쪽으로 본도와 경계하고 있다.

갑바도기아는 남으로 본도와 할리스 강, 동으로 갈라디아와 루가오니아, 북으로 길리기아와 타우루스 강, 서로 아르메니아와 유브라데를 경계로한 지역이다. 신약시대 로마의 식미지 영토였던 갑바도기아는 트라얀의 통치 때 양과 말이 사육되었고 중앙아시아와 흑해 항구의 교역이 오갔다. 이 지역의 암석은 비교적 연하여 오랜 기간 동안 풍화작용에 의하여 세계 다른 곳에서는 볼 수 없는 신비하고 진기한 원추형 모양의 수천 개 석주 현상이 이루어졌다. 지진활동으로 화산재가 형성되었고 괴레메, 위구릅, 젤베 등에서 수천 개의 동굴 교회와 암석 수도원이 보존되어 있다. 갑바도기아인들은 오순절을 함께 참여하였고 베드로의 서신이 전해진 곳이기도 하다(행 2:9, 벧전 1:1).

 터키 Turkey

괴레메 지역에서는 터키관광의 명물인 열기구를 탈 수 있다.

## 괴레메 지하교회

Churches of Goreme

갑바도기아의 독특한 지형은 박해시대 교회들이 지하로 숨어들어갈 수 있게 했다. 괴레메 지역은 오래 된 동굴교회들로 가득하다.

## 데린쿠유 지하도시

Derinkuyu

이 지역 사람들은 오래전부터 집보다는 동굴 속에 사는 것을 더 선호했다, 그러다보니 오래되고 큰 지하도시들이 형성되었다.

터키 중부와 동부

# 아라랏 산 Mt. Ararat

**아라랏산 지리안내**

서쪽으로 터키, 남쪽으로 이란, 동쪽으로 아르메니아, 서쪽으로는 아제르바이잔과 국경을 접하고 있는 산이다.

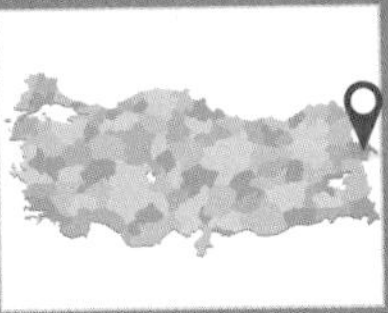

아라랏산은 홍수때 노아의 방주가 정박한 산으로 알려져 있다(창 8:4). 해발 5000m 이상되는 산세가 높고 험준한 지형의 휴화산이다. 산 전체가 화산암으로 이루어져 있으며, 용암과 화산 조각들로 덮여 있다. 주변은 완만한 경사의 평원을 이룬 고원지대로 초원이 많으며, 유목민들이 목축생활을 하며 살고 있다.

창세기 8장 4절에 노아는 하나님의 홍수 심판이 끝나고 물이 줄어들기 시작했을 때 이 산에 도착했다. 그리고 이 산에서 방주의 문을 열었다. 이곳은 "노아방주"에 대한 관심으로 고고학, 성서고고학 분야, 종교계 등에서 끊임없는 탐구와 관심의 대상이 되고 있다. 노아방주가 있었던 흔적을 찾기 위한 노력이 고대부터 지금까지 이어지면서 여러 탐사들이 이루어졌지만, 결정적인 흔적은 찾지 못했다.

터키 중부와 동부

# 하란 haran

**하란 지리안내**

하란은 터키 울파 남쪽 35km 지점, 니느웨 서북 385km, 다메섹으로부터 북동쪽 450km 지점에 위치한다.

하란은 갈대아 우르를 떠난 아브라함이 한때 상당 기간 동안 머물렀던 곳이다. 아브라함은 하란에 머무르던 중 부친 데라가 205세로 별세하였고 후에 가나안으로 내려가게 된다(창 11:31-32, 12:4-5). 하란은 라반의 고향이기도 하다. 야곱이 형을 피해 20년간 기거하며 처가살이를 한 곳이다(창 27:43, 28:10). 길리기아와 앗시리아, 아나토리아와 바벨론을 연결하는 중요 통상로의 교차점에 위치한 하란은 이곳에서부터 시리아로 통상로가 이어져 교역의 중개도시로서 번영하였다(겔 27:23). 에스겔은 하란을 두로와 무역하는 도시들 중 하나로 언급하고 있다(겔 27:23). 하란은 앗수르 제국이 바벨론에게 멸망(B.C. 609년경)할 때까지 앗수르의 수도로 삼았던 곳이다(사 37:11-12). 또한 이곳은 우상 숭배가 극심한 곳으로도 알려졌다(왕하 19:12).

# 구브로 Cyprus

**구브로 지리안내**

구브로는 지중해 동북부에 있는 길이가 224km, 폭이 69km에 이르는 큰 섬이다.

구브로는 '구리'란 뜻을 가지고 있다. 구리 산지로 유명하며 '구브로'라는 지명은 이런 특성에서 유래되었다.

바울과 바나바는 안디옥에서 형제들로부터 안수를 받은 후에 성령의 보내심을 받아 실루기아에 내려가 거기서 배를 타고 구브로에 갔다. 바울과 바나바의 선교 여행을 구브로에서 시작하였다. 예루살렘에서 스데반의 죽음에 뒤따른 박해 때문에 신자들이 여러곳으로 도망하였는데 도망한 곳 중의 하나가 구브로였다. 어떤 사람들이 안디옥에 와서 "주 예수를 전파"(행 11:20)하였는데 구브로에서 온 사람들이었다. 바나바와 나손은 "구브로에서 난"(행 4:36) 사람이다. 바울과 바나바는 바나바의 조카 마가 요한과 함께 이 섬 지방을 방문하여 복음을 전하였다.

터키
Turkey

## 01 살라미

Salamis

구브로의 오래된 도시는 살라미이다. 바울은 이곳을 통해 구브로 첫 선교를 시작했다.

## 02 바나바의 무덤

The tomb of Barnabas

바나바는 구브로 출신으로 예루살렘에서 초대교회에 헌신했다. 그는 무엇보다 자기 고향 구브로를 위해 헌신하고 전도하다가 순교했다.

## 03 바나바교회

Monastery of St Barnabas in Famagusta

바나바의 흔적은 구브로가 단연 압도적이다. 이 교회에 가면 바울의 동역자, 초대교회의 신실한 지도자 바나바의 흔적들을 만날 수 있다.

## 04 벨라파이스 수도원

Beylerbeyi

12세기에 지어진 수도원이다. 지금은 대부분 파괴되어 있지만 그래도 옛 정취와 흔적 그리고 수도원의 깊은 의미를 얼마든지 느낄 수 있다.

# 그리스와 로마

Greece & Rome

그리스와 로마

# 네압볼리/카발라 Neapolis/Kavalla

**네압볼리 지리안내**

그리스 북부 최대도시인 테살로니키에서 동쪽으로 160km, 드라마에서 남쪽으로 37km, 크산티에서 서쪽으로 56km 정도 떨어진 곳에 위치해 있다.

네압볼리는 주전 7세기 경 도시 바로 앞에 위치한 섬 타소스(Tharsos) 사람들이 세운 도시로서 세워진 이후 줄곧 아테네의 영향권 아래·있었다. 주전 5세기 페르시아가 그리스를 침략했을 때 근거지인 타소스 사람들이 페르시아 편에 서자 네압볼리는 단호하게 아테네와 그리스 동맹 아래 있었다. 주전 4세기 알렉산더의 아버지 필립 2세가 도시를 점령하고서 줄곧 필립의 항구로 이름을 얻었다. 필립이 자기의 이름을 딴 빌립보를 크게 개발하자 빌립보로부터 남쪽으로 14km정도 떨어진 네압볼리는 자연스럽게 빌립보의 외항이 되었다. 로마 공화정 말기 내전 때 카이사르를 암살한 부르투스의 편에 서서 옥타비아누스에게 저항했다. 로마가 황제정으로 전환한 뒤 여전히 빌립보의 외항으로 남았다. 유명한 비아 에그나티아 가도가 지나는 곳이기도 했다. 사도바울은 아시아의 드로아에서 배를 타고 사모드라게 섬을 지나 여기 네압볼리에 도착하여 마게도냐 선교 사역을 시작했다(행 16:9~11).

그리스와 로마

# 빌립보/필리포이 Philippi/Filippoi

**빌립보 지리안내**

네압볼리/카발라에서 14km 가량 북쪽에 위치한다. 그리스 북부 마게도니아 지방을 동서로 잇는 주요 도로상에서 동쪽에 위치해 있다.

빌립보는 네압볼리와 마찬가지로 타소스 사람들이 세운 도시로 크레니데스(Crenides)라고 불렸다. 훗날 마케도니아의 필립 2세가 도시를 확장 발전시켜 주변 광산으로부터 캐온 금이나 은을 보관하거나 유통시키는 도시로 발전시켰다. 도시 이름은 도시 설립자 필립 2세를 따른 것이다. 필립 2세는 이곳에 금이나 은 같은 귀중품들을 지키고 관리하는 일을 위한 수비대를 배치하기도 했다. 전형적인 그리스식 도시로 발전한 빌립보는 도시 뒤편에 요새와 아크로폴리스 역할을 하는 큰 산이 있으며 도시 중앙에는 아고라가 있었다. 옥타비아누스와 부르투스가 이곳

빌립보에서 결전을 치렀으며 이 전쟁으로 옥타비아누스가 승리하여 로마의 패권을 쥐게 된다. 훗날 아우구스투스가 된 옥타비아누스는 내전을 종식한 뒤 일단의 군단 병력을 퇴역시켜 빌립보에 정착하도록 했다. 그리고 도시를 마치 작은 로마처럼 발전시켰다. 퇴역군인들의 퇴직금을 기반으로 도시는 크게 발전 했는데 특히 아시아의 유명한 직물들, 특히 두아디라의 자주옷감이 이곳에서 많이 거래되었다. 바울은 네압볼리를 지나 이곳 빌립보에 와서 루디아를 개종시킨 뒤 한 때 감옥에 갇히는 등 고난을 당했다(행 16:11~40). 훗날 빌립보에는 많은 교회들이 세워졌는데 특히 기독교 초기 팔각형 교회가 있었던 유적과 비잔틴 시대 교회의 전형적인 건축물들이 여럿 남아 있다.

## 빌립보 유적지

Philippi

필립2세에 의해 지어진 빌립보는 원래 습지대에 건설된 도시였다. 그래서 건설자들은 물을 다 빼고 거기에 멋진 그리스인의 도시를 지었다.

02

## 바울감옥

Apostle Paul's prison

원래는 물을 저장하던 곳이었는데 임시 감옥으로 사용했다. 로마시민권을 가진 바울에게는 불법적인 행위였다.

## 비아에그나티아

Via Egnatia

마게도니아를 점령한 로마는 가장 먼저 동서를 관통하는 이 도로를 건설했다. 바울이 다닌 마게도니아의 도시 대부분은 이 도로가 관통한다.

## 루디아세례기념교회

Lydia of Thyatira

두아디라의 자주장사 루디아는 유대교에 관심이 많았다. 안식일에 그녀는 유대인들의 작은 모임이 성밖에 열린다는 것을 알고 거기서 바울을 만났다.

Landscape of Philippi

그리스와 로마

# 암비볼리 Amphipolis

**암비볼리 지리안내**

빌립보에서 서쪽으로 이어진 가도 상에 놓인 옛 그리스로 현재 그 지역 주요 도시인 드라마로부터 서쪽으로 30km 떨어져 있으며 판 가이온 산지의 남쪽 끝자락에 있다.

주전 5세기 경 아테네가 그리스 일대와 에게해의 패권을 차지하고 있던 시절 여러 가지 광물이 많이 나오는 마케도니아와 드라키아 일대는 전략적으로 중요했다. 아테네는 여러 차례에 걸쳐 이 지역에 그들의 식민 도시를 건설했는데 그 가운데 가장 성공적인 것이 바로 암비볼리였다. 암비볼리라는 말은 도시를 둘러싸고 흐르는 스트리몬 강(Strymon River)에서 근거한다. 훗날 암비볼리는 필립 2세에 의해 마케도니아에 편입되었고 알렉산더가 그의 장수들과 동방원정을 준비한 곳으로 유명해졌다. 알렉산더 사후 그의 아내 록산나와 아들 알렉산더 4세가 이곳에 유배되었다가 죽임을 당했다. 로마인들이 지배하면서 도시에는 비아 에그나티아 가도가 지나게 되었고 역시 비약적으로 발전했다. 2세기 이후 판 가이온 광산의 쇠락으로 도시 역시 점차

쇠락해갔지만 기독교 교회들을 중심으로 겨우 현상 유지는 이루어지고 있었다. 그러던 6세기 경 슬라브족의 남하로 도시는 완전히 쇠락하고 도시 중심의 교회들을 중심으로 작은 요새가 유지되다가 8세기 경 완전히 버려지게 된다. 대부분의 사람들은 암비볼리의 외항인 에이온(Eion)으로 이주했다. 바울은 빌립보 감옥에서 풀려난 후 이 곳을 지나 데살로니가로 갔다(행 17:1).

Landscape of Amphipolis

그리스와 로마

# 데살로니가 Thessaloniki

**데살로니가 지리안내**

에게해 마케도니아 만에 위치한 항구도시로 그리스 북부의 물산이 뱃길을 통하여 발칸반도 아래나 에게해 그리고 지중해 일대로 퍼져 나가는 주요한 관문 역할을 하고 있다.

데살로니가는 알렉산더의 이복 여동생의 이름을 따라 지어진 도시이다. 그의 남편이자 알렉산더의 후계자 가운데 하나인 카산더가 주전 315년 경 도시를 지었다. 이후 도시는 마케도니아의 핵심 자유도시로 발전했다. 그러던 주전 148년 로마에 복속되면서 역시 로마 마케도니아 속주의 수도로 자리잡게 된다. 로마는 데살로니가의 경제적인 가치를 잘 알고서 자유도시로서 자치를 할 수 있는 지위를 주는 한 편, 도시를 관통하여 비아 에그나티아를 건설하여 경제적으로 정치적으로 지역의 핵심이 되도록 했다. 1차 로마 삼두정치 때 카이사르를 피하여 도망 온 폼페이우스와 원로원들이 작은 로마를 형성하기도 했으며 이후에는 카이사르, 그리고 아우구스투스에게 충성하는 로마의 대표적인 도시가 되었다. 바울과 실라 그리고 디모데 등은 이곳 데살로니가에 와서 왕성한 전도활동을 했는데 특히 경건한 헬라인들이 바울을 따랐다(행 17:4). 그 때 바울 일행을 시기하던 유대인들이 저자거리 사람들을 동원하여 그를 데살로니가 시 당국에 고발했다(행 17:5~9). 바울은 이후 고린도로 가 거기서 데살로니가 성도들을 위해 편지를 썼다. 데살로니가서가 바로 그것이다. 바울 이후 데살로니가에는 지속적으로 교회가 존재했다. 3세기 경 신실한 기독교인 데메트리오스가 로마의 공동황제 갈레리우스에게 순교당한 후 도시는 데메트리오스의 순교정신으로 유명해졌다. 이후 도시는 로마제국이 동서로 분열하는 과정에서 콘스탄티노플과 더불어 동방의 주요 도시로 자리매김했으며 한 때 슬라브족들의 침입으로 고통스러운 학살을 경험하기도 했다.

## 아리스토텔레스 광장

Aristotelous Square

데살로니가의 가장 크고 유명한 집회소이다. 도시의 젊은이들이 모여 자유롭게 이야기나누고 문화적인 코드를 나눈다.

## 화이트 타워

White Tower at Thessaloníki

15세기에 베네치아인들이 도시를 지배하면서 세웠다. 대량학살이 진행되고 나서 피의 탑으로 불렸다가 탑 전체를 흰색으로 칠한 후 화이트타워로 바꿔 부르게 되었다.

03

## 성 데메트리오스 교회

The Church of Saint Demetrius

3세기경 도시 신앙의 수호자 데메트리오스의 순교를 기념하여 세워졌다. 데메트리오스는 갈레리우스의 박해가 극심하던 시절 도시를 떠나지 않고 신앙을 지켰다.

04

## 갈레리우스의 개선문

The Arch of Galerius

주후 299년 로마가 페르시아를 격파한 기념으로 세워졌다. 당시 공동황제였던 갈레리우스가 세워 그 이름을 따랐다.

## 로마시대 도시 유적

Roman Forum

데살로니가는 처음 세워진 이래 어디로 이동하지 않고 그 자리에서 계속 이어졌다. 그래서 도시의 유적 대부분은 현대 도시 발밑에 잠자고 있다. 다행히 바울시대 도시 중심지 포럼과 극장 유적은 발굴이 되었다.

그리스와 로마

# 아테네 Athens

**아테네 지리안내**

그리스 중부 아티카반도 중앙 사로니크만에 위치하여 있는데 동쪽은 히메토스 산, 북동쪽은 펜텔리콘 산, 북서쪽은 파르니스산, 서쪽은 아이갈레오스산에 둘러싸여 평야를 이루고 있다.

아테네는 주전 7,000년 전부터 사람이 거주했으며 주전 12세기 이전에 이미 이곳에는 이오니아인들의 도시가 건설되어 있었다. 이후 도시는 도리아인들의 그리스 전역에 걸친 파괴와 재건에도 영향을 받지 않고 이오니아인들의 도시로 남았으며 오히려 도리아인들의 스파르타와 경쟁하며 성장했다. 이 때 에게해 일대 도시국가들 및 식민도시들과 더불어 소위 이오니아 동맹을 형성한다. 주전 10세기 이후 전반적인 청동기시대의 몰락기 동안 아테네 역시 쇠퇴했다. 아테네가 다시 역사에 등장한 것은 주전 6세기경부터였다. 아테네는 참주정과 민주정으로 이어지는 정치적인 발전과 더불어 아테네 문명의 꽃을 피웠다. 그리고 주전 5세기 페르시아의 침략과 마케도니아에 의한 점령기까지 아테네는 소위 고전시대를 이루며 철학과 예술, 문학 등 모든

인문주의 전반에서 최고의 전성기를 이루었다. 주전 4세기 중엽부터는 북쪽에서 발흥한 마케도니아의 지배를 받았다. 이후 로마로 지배자가 바뀌고 나서도 아테네는 여전히 문화와 학문, 예술의 중심지였다. 로마시대에 들어 도시는 에피쿠로스 학파와 스토아 학파 등의 신흥 학문들 및 문화가 더욱 발전하여 로마 제국 문화의 핵심 중심지가 되었다. 이 시기 바울은 데살로니가와 뵈레아로부터 와 아테네를 방문했다. 그리고 이곳의 혼란스러운 종교적 분위기 속에서 적극적으로 선교활동을 벌였다. 에피쿠로스학파의 사람들은 바울을 아레오바고로 데려가 거기서 연설하게 하기도 했다(행 17:16~34).

Landscape of Athens

## 아크로폴리스

Acropolis

아테네의 아크로폴리스는 그 지형적인 면에서나 도시의 명성 면에서나 단연 유명하다. 도시의 중앙 높은 곳에 위치한 언덕에는 아테나신을 모신 신전을 비롯한 여러 신전들이 있었다.

## 파르테논 신전

Parthenon

아테네인들은 주전 479년 페르시아가 파괴한 아크로폴리스의 신전을 다시 세웠다. 그것이 파르테논 신전이다. 약간 비틀어진 사각기둥 모양의 신전은 어디서 봐도 안정감이 있다.

## 아레오바고 언덕

Areopagus

아테네인들은 원래 아레스신을 위해 바쳐진 이 언덕에서 여러 정치 토론을 벌였다. 법정이 되기도 했다. 바울의 시대에 이르러는 철학 토론을 하는 곳으로 유명해졌다.

## 아고라 광장

Agora

그리스의 도시들에서 가장 중요한 곳은 바로 도시 중앙의 아고라 광장이다. 여기서 정치, 경제, 문화활동들이 벌어졌다. 로마의 포럼과 같은 곳이다.

그리스와 로마
Greece & Rome

## 05 제우스 신전

The Temple of Olympian Zeus

올림피에이온이라고도 부른다. 원래 주전 650년경 건설을 시작했는데 완성은 주후 150년경 로마의 하드리아누스 황제가 이루었다.

## 06 하드리아누스 도서관

Hadrian's Library

로마인들은 아테네를 존경했다. 특히 황제들은 아테네에 자기 족적을 남기는 것을 즐겼다. 하드리아누스 황제도 마찬가지였다. 그는 여기에 도서관을 기증했다.

## 07 파나티나이코경기장

Panathinaiko Stadium

아테네와 그리스는 올림픽의 발원지이다. 첫 번째 근대 올림픽 역시 여기 아테네의 파나티나이코 경기장에서 시작되었다.

그리스와 로마

# 고린도 Corinthos

**고린도 지리안내**

그리스 본토로부터 이스무스 지협과 고린도 운하를 지나면 바로 나오는 도시이다. 아테네로부터 78킬로미터 남서쪽에 떨어져 있다. 펠로폰네소스 반도 입구에 위치해 있으며 고대로부터 상업과 경제활동이 발달한 도시였다. 현재도 고린도 지방의 주요 행정 중심지이다. 고대 고린도는 현재 고린도(Nea Corinthos)의 서쪽에 위치해 있으며 지진으로 파괴된 모습 그대로 남아 있다.

고린도는 주전 8세기경부터 도시국가로 발전하기 시작했다. 주로 바키아드 사람들이 도시를 일으켰으며 페리앤더(Periander)가 통치하던 시절 크게 융성했다. 흑색의 도자기에 붉은 음각을 한 고린도 도자기는 이 때 처음 유행하기도 했다. 고린도의 상업적 번성은 그리스 반도 일대를 넘어 이집트에 까지 확장되었으며 더불어 해상 군사력도 크게 강성해졌다. 주전 6세기와 5세기에 걸쳐 페르시아와 그리스 사이 전쟁 때에는 스파르타와 연맹하여 싸웠으며 이후 펠로폰네소스 일대의 동맹을 강화하여 스스로 아카이아 동맹의 맹주가 되었다. 이후 고린도는 아카이아 동맹의 핵심 도시라는 이유로 로마에 의해 철저하게 파괴되었다가 카이사르에 의해 재건되었다. 로마 지배하에서 고린도는 외항인 레카이온(Lekaion, 고린도만 쪽)과 겐그레아(Cencrea, 사로니코스만

그리스와 로마
Greece & Rome

쪽)와 함께 금새 지중해 무역의 중심지가 되었는데, 이 때 무역을 주도하는 상관들이 크게 번성했다. 그래서 도시 위쪽 아크로폴리스 언덕에 많은 수의 무역거래소가 발달하기도 했다. 고린도는 또한 매우 타락한 문화로도 유명했는데, 오래전부터 그리스인들 사이에는 '고린도인의 생활방식'이라는 표현이 유행하기도 했다. 이 단어는 방탕한 삶을 사는 사람을 일컬을 때 사용되는 관용어였다. 바울은 아테네를 거쳐 고린도에 와서 한동안 머물며 브리스길라와 아굴라와 더불어 장막 만드는 일을 했다(행 18:2). 그리고 거기서 유대인들과 헬라 사람들에게 복음을 전했다(행 18:4~17). 이후 바울은 겐그레아를 통해 고린도를 벗어나면서 그가 서원한 것과 관련하여 머리를 자르기도 했다(행 19:18). 이후 바울은 한 번 더 고린도에 방문하는데 여기서 유명한 로마서를 집필하여 로마에 있는 형제들에게 보내기도 했다(롬 16:1).

## 아크로폴리스

Acropolis

고린도의 아크로폴리스는 다른 도시에 비해 좀 크고 높다. 고대 고린도는 여기에 주신전과 군사적 전망대들을 설치했다.

02

## 겐그레아 항 유적

Cenchrea

상업적으로 번성하던 고린도에는 보통 한 개인 외항을 두 개나 갖고 있었다. 겐그레아는 사로니코스만쪽의 외항이었다.

그리스와 로마

# 고린도 지협/고린도 운하

Isthmus of Corinth/Corinthos Canal

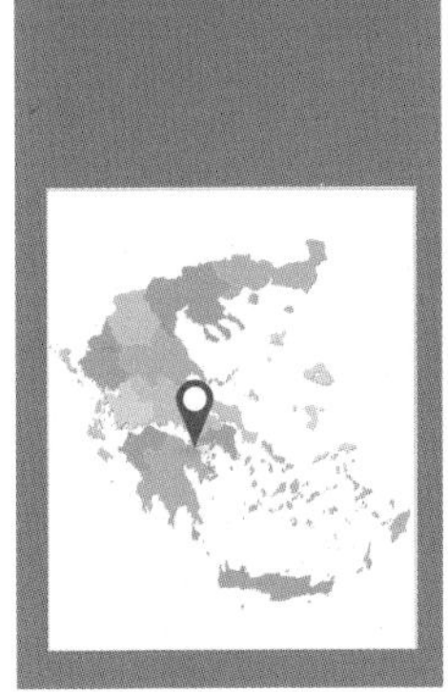

그리스 본토와 펠로폰네소스 반도 사이에는 둘 사이를 연결하는 좁은 이스무스 지협이 존재한다. 오래전부터 이 지협은 그리스 본토와 펠로폰네소스 반도 사이를 갈라놓기도 하고, 또 고린도 만과 사로니코스만 사이를 가로막아왔다. 평야보다는 험한 산악지형이 많은 그리스로서는 고린도만과 에게해 사이 도시국가들 사이 무역과 소통을 불가능하게 하는 큰 문제였다. 그래서 그리스 사람들은 이스무스 지협으로 가로막힌 고린도 만과 에게 해의 사로니코스 만 사이에 운하를 뚫어 연결하려는 의지를 갖고 있었다. 이런 의지와 노력은 주로 도시 국가 고린도의 지도자들에 의해, 그리고 로마의 카이사르와 페르시아의 크세르크세스 2세에게서도 나타났다. 특히 카이사르는 이스무스 지협에 운하를 완성하기 위해 유대인 포로를 데려와 작업을 시켰다. 그러나 끝내 완성하지 못했

다. 운하가 완성된 것은 1894년 경이었다. 프랑스인들이 자본을 들여 끝내 운하를 완성했는데 사람들은 길이 6.3 킬로미터의 운하를 통해 무려 340킬로미터의 돌아가는 길을 단축하게 되었다. 오늘날 이 운하는 물자 운송보다는 관광 목적으로 더 많이 활용되고 있다. 운하의 폭이 28미터에 깊이가 8미터밖에 되지 않기 때문이다.

Landscape of Corinthos Canal

그리스와 로마

# 그레데 Krete/Kreta Island

**그레데 지리안내**

그리스 최남단에 위치한 섬이며 그리스 최대의 섬이며 지중해에서 다섯 번째로 큰 섬이다. 동서로 약 260km 정도이며 남북은 약 60km 정도 된다.

그레데 섬은 미노아 문명으로 유명한 곳인데 특히 미소스와 테세우스의 신화로 유명하다. 테세우스는 이 곳에 포로로 잡혀온 아테네의 젊은이들은 반신반우인 미노타우르에게서 구해내고 아테네의 왕이 된다. 이후 크레테는 대로마항전에서 크게 유명세를 날렸다. 하지만 주전 67년 로마에게 복속되고 만다. 로마가 다스리던 시절 바울은 로마로 압송되는 배를 타고 이 섬 남쪽을 통과하여 미항이라는 곳과 라새아를 지나다가 큰 풍랑 유라굴로를 만나게 된다(행 27:7~14).

그리스와 로마

# 파트라스 Patras

**파트라스 지리안내**

그리스 펠로폰네소스 반도 북서쪽 고린도 만에 위치해 있는 항구이며 아카이아 주의 중심도시이다. 그리스에서 세 번째로 큰 도시이며 아테네로부터 서쪽으로 215킬로미터 떨어져 있다.

고대 고린도에 의해 개척된 도시는 한동안 고린도의 식민지로 역할을 하며 발전했다. 이후 도시는 고린도와 더불어 아테네 편에서 스파르타와 싸우기도 했다. 그러나 이 시기까지 고린도는 그저 평범한 농업도시에 불과했다. 로마가 아카이아 일대를 정복할 때 고린도와 더불어 유린되었다가 로마인들이 도시가 갖는 위치상 중요성을 깨닫고 나서 항구도시로 크게 발전했다. 파트라스가 유명하게 된 것은 기독교가 전파되면서 부터였다. 베드로의 동생 안드레는 이곳 아카이아에서 복음을 전했는데 그의 주요 근거지가 바로 파트라스였다. 안드레는 여기서 선교활동을 하다가 로마인 총독에게 발각되어 체포된 뒤 여기서 처형되었다. 지금도 파트라스에는 그를 기념하는 교회와 그를 처형한 엑스자형 십자가 그리고 그의 두개골이 남아 있다.

그리스와 로마

# 메테오라 Meteora

**메테오라 지리안내**

'메테오라'는 그리스 본토 중서부에 위치한 독특한 사암 지형위에 지어진 일단의 수도원들을 통틀어 부르는 명칭이다. 수도원들은 그리스 중부 트리칼라 주에 있는 피니오스 강 유역 평야의 칼람비카 마을 바로 위에 위치해 있는데, 주로 300미터에서 500미터에 이르는 높은 절벽 위에 지어져 있다.

메테오라는 '공중에 떠 있다'는 뜻을 가지고 있다. 11세기 경부터 밀려들어오기 시작한 이슬람 세력들을 피해 바위 위 높은 곳으로 올라가 거기에 수도원을 만든 것이 기원이다. 처음 수도사들은 그냥 나무로 지은 집이나 동굴 속에 은거하며 수도생활을 했다. 최초의 수도원 건물은 14세기 세르비아의 왕의 도움으로 아타나시우스에 의해 세워졌으며 이후 지속적으로 건물들이 확충되어 지금의 대 메테오라수도원이 되었다. 이후에도 지속적으로 수도원들이 지어져 근세기 초까지 약 20여개의 수도원들이 각 암벽 위에 세워졌다. 접근이 용이하지 않아 주로 밧줄에 달린 통에 실려 출입했으며 음식이나 필요 물품들 역시 같은 방식으로 전달되었다. 2차 세계대전 때 크게 파괴되었다가 다시 복원되어 지금은 다섯 개의 수도원과 한 개의 수녀원이 남았다. 각 수도원들에는 비잔틴

그리스와 로마
Greece & Rome

양식의 교회들이 잘 보존되어 있으며 특히 비잔틴 시대 양식의 오래된 그림들이 남아 있는 곳도 많다. 16세기에 제작된 프레스코화들도 있다. 성자들, 예수 탄생과 재림, 성모의 죽음, 가나의 혼인잔치, 사마리아 여자 등 다양한 기독교 신앙의 내용을 담은 프레스코화들은 보존 상태도 좋고 예술적인 가치가 높다. 비록 성서시대와 기독교 초기 유물 및 성지는 아니어도 멋진 풍광과 문화유산 때문에 많은 기독교인들과 관광객들이 찾고 있다.

## 메테오라 주변의 수도원들

Monasteries in Meteora

❶ 대 메테오라 수도원

❷ 바를라암 수도원

❸ 로사노 수도원

❹ 성 니콜라스 아나파우사스 수도원

❺ 트리니티 수도원

❻ 성 스테파노 수녀원

그리스와 로마

# 로마 Rome

**로마 지리안내**

로마는 이탈리아의 수도로 약 2,800년 전 건설된 뒤 줄곧 로마제국의 수도로 존속했다. 로마는 처음 왕궁이 있는 팔라티노 언덕과 관청들이 있던 카피톨리노 등 일곱 개 언덕을 중심으로 형성되었으며 이후 점차 확장되어 지금의 국제적인 도시가 되었다. 로마 중심에는 세계 가톨릭의 중심인 교황청 바티칸 시국이 있다.

로마는 주전 753년 로물루스와 레무스 형제에 의해 건설된 이래 왕정 로마와 공화정 로마 그리고 황제정 로마 진반 내내 국가와 제국의 수도였다. 처음 티베르 강변 일곱 개의 언덕을 중심으로 형성 발달해 온 로마는 점차 언덕 아래 습지대도 도시로 편입시키고서 주변 지역까지 확장해 나가 결국 고대의 큰 도시로 발전했다. 주전 3세기 카르타고와의 전쟁을 시작하기 전에는 이탈리아 반도 전체의 수도가 되었고 카르타고와의 전쟁을 승리하고 그리스 및 지금의 터키 일대 그리고 스페인까지를 영토로 삼게 되었을 때에는 제국의 수도로서 면모를 갖게 되었다. 공화정에서 황제정으로 넘어가던 제국의 전성기 로마는 약 100만 명을 넘어서는 거대도시였으며, 상하수도 및 도로가 잘 발달된 매우 정교하게 정비된 도시였다. 특히 수 킬로미터 밖 호수로부터 끌어들여 온 수도

시설은 지금껏 시민들이 이용하는데 아무 문제가 없을 정도로 잘 만들어진 것이었다. 이외에도 로마는 공화정 후반부터 지도자들이 경쟁적으로 건설하기 시작한 다양한 기념물들로 가득했는데 대표적인 것이 티투스 개선문과 콘스탄틴 개선문, 그리고 콜로세움 등이다. 지금도 남아 있는 로마의 중심지 포로 로마노(Foro Romano)는 원로원 의사당과 각종 신전들, 그리고 로마의 핵심 인물 가운데 하나인 카이사르의 영묘가 남아 있으며 포로 로마노 바로 위 팔라티노 언덕에는 로마 황제의 위용을 느끼게 하는 큰 왕궁 유적이 그대로 남아 있다. 로마에서 빼놓을 수 없는 것은 바로 가톨릭 교황청의 바티칸시국인데, 여기에는 고대로부터 전해온 기독교의 온갖 유물과 문화유산이 있는 바티칸 박물관과 멋진 예술품들로 가득한 성 베드로 교회 및 시스틴 성당 등이 유명하다. 무엇보다 바티칸은 예수님의 수제자인 베드로의 순교지로 알려져 있다. 로마에 영광스러운 건축물들만 있는 것은 아니다. 로마에는 기독교 초기 성도들이 박해를 피해 숨어들어간 카타콤 지하묘지가 아직도 기독교 유물들과 더불어 남아있으며, 더불어 사도 바울의 조용한 순교지 세분수교회도 있다.

Landscape of Rome

로마 현재 지도와 주요 유적 및 방문지들

**❶ 바티칸 박물관 ❷포로 노마노 ❸콜로세움**

① 베드로교회 ② 시스틴교회 ③판테온 교회 ④ 산타마리아 인 코스메딘 교회
⑤ 산타 마리아 델 포폴로 교회

## 바티칸 박물관

Musei Vaticani

로마 성지순례의 백미는 바티칸을 방문하는 일이다. 여기에는 기독교 최고의 박물관이 있다. 고금이래 최고의 기독교 예술품들을 감상할 수 있다.

## 포로 로마노

Foro Romano

로마 역사의 핵심 가운데 핵심은 바로 여기 포로 로마노이다. 여기에는 로마의 정치, 경제, 문화 모든 것을 이해하고 배울 수 있는 모든 것이 있다.

03

## 콜로세움

Colosseum

티투스 장군은 예루살렘 정벌을 끝내고나서 약 5만 명의 유대인들을 포로로 잡아와 이 유명한 경기장을 세웠다. 이 자리는 원래 네로가 배도 띄울만큼 크게 만든 노천 목욕탕이 있었다.

그리스와 로마
Greece & Rome

# 순례자를 위한 로마의 교회들

Churches in Rome

## ❶ 베드로 교회

Basilica di San Pietro in Vaticano

로마의 가장 대표적인 르네상스 식 교회이다. 주후 4세기부터 있던 베드로순교기념교회를 새롭게 개축한 것이다. 1591년 완성되었으며 지금껏 단일규모로 세계에서 가장 큰 교회이다. 16세기 당대 미켈란젤로와 베르니니 등 유명한 건축가들이 참여한 것으로 명성이 높다. 미켈란젤로는 주로 주교회의 거대한 돔을 완성했고 베르니니는 주변 광장과 베드로의 의자 그리고 특히 제단의 진짜 휘날리는 것 같은 대리석 휘장을 만들었다. 이 교회 역시 다수의 유명한 화가들의 작품과 조각을 갖고 있는데 특히 미켈란젤로의 피에타(Pieta)가 유명하다.

## ❷ 시스틴 교회

Cappella Sistina

바티칸 경내에 있는 교회로 1481년 완성되었다. 내부에 르네상스 시대 그림들이 가득하도록 한 것으로 유명하다. 특히 미켈란젤로가 그린 천정화, 천지창조와 각종 예언자들 및

성경 인물들의 그림, 그리고 예배당 전면의 최후의 심판 등이 있다. 이 교회는 특히 새 교황을 선출하는 콘클라베가 열리는 곳으로 유명하다. 추기경들은 교황이 선출될 때까지 여기에서 나갈 수 없고 최종 선출이 이루어질 때까지 이 건물에서 숙식을 해결해야 한다.

## ❸ 성 십자가 예루살렘교회

Basilica di Santa Croce in Gerusalemme

주후 325년경 콘스탄티누스 황제의 어머니 헬레나는 성지로부터 일단의 십자가 관련 유물을 로마로 가져와 자기 궁전 내에 교회를 지어 두었다고 한다. 그때 교회 바닥은 예루살렘에서 가져온 흙으로 덮었는데 그로부터

예루살렘이라는 이름이 들어간 정식 교회가 되었다. 지금의 교회는 이후 교황 루치오 2세가 르네상스 양식으로 복원하였으며, 18세기에 베네딕토 14세는 현재의 바로크 양식을 적용하여 개수했다. 예수님이 매달린 십자가 일부와 가시관에서 나온 가시 등 유물이 보관되어 있다.

### ❹ 판테온 교회

Basilica of St. Mary and the Martyrs

원래 로마시대 만신전이었던 것을 주후 7세기에 교회로 바꿨다. 만신들이 있던 자리에 성인들을 채워 교회로 바꾼 것이다. 교회의 돔 위 구멍은 로마시대 원래 모습 그대로 뚫려 있는데 그 당시 기술로는 그것을 덮을 수 없었다. 15세기 이후 이곳은 유명한 인사들이 묻히는 안치소가 되었다. 라파엘로나 코렐 리가 여기 묻혀 있으며 이탈리아의 왕 엠마누엘레 2세와 움베르토 1세도 여기에 묻혀 있다.

### ❺ 산타마리아 인 코스메딘 교회

Santa Maria in Cosmedin

6세기경 고대 로마의 시장이 있던 자리에 세워졌다. 이후 12세기에 증축이 되었는데 덕분에 두 종류 로마네스크 양식을 볼 수 있다. 영화 '로마의 휴일'로 유명해진 '진실의 입'이 있는 교회이다. 진실의 입은 주전 4세기 로마시대에 만들어졌으며 원래는 하수구 뚜껑이었던 것으로 보인다. 석판에 바다의 신 트리톤의 얼굴을 새긴 커다란 원반 형태로 되어 있는데, 영화에 등장하듯 거짓말쟁이가 트리톤의 입에 손을 넣으면 트리톤의 입이 다물어진다는 전설이 있다.

### ❻ 산타 마리아 델 포폴로

Santa Maria del popolo

로마 포폴로 광장에 있는 교회이며 1472년에 세워졌다. 원래 이 교회의 터에는 네로 황제의 묘와 호두나무가 있었는데, 계속 네로 황제의 망령이 나타나 백성들을 괴롭힌다는 소문을 돌았다. 그러자 당시 교황이 나무를

베어버리고 그 자리에 산타 마리아 델 포폴로 교회를 지었다. 이 교회에는 특히 카라바조의 '십자가에 달린 베드로'과 '바울의 회심' 등 유명한 그림이 전시되어 있다.